DU BIST MEINE *Heldin*

Literarische Geschichten
von Frauen für Frauen

Von .... Isabell ....

Für .... Charlotte ....

arsEdition

Mit diesem Buch möchte ich dir sagen, dass du etwas ganz Besonderes für mich bist. Ich kann dir meine Geheimnisse anvertrauen und du stehst mir mit Rat und Tat zur Seite. Mit dir kann ich so sein, wie ich bin, und manchmal sogar besser, als ich es selbst zu sein glaube – weil du an mich glaubst. Du bist mehr als eine Freundin, du bist meine Heldin!

Die literarischen Geschichten, Gedichte und Briefe in diesem Buch handeln von Freundschaft, Glück, Vertrauen und dem wertvollen Band zwischen Frauen, die unzertrennlich miteinander verbunden sind und sich selbst aus der Ferne ganz nah sind. Vielleicht entdeckst du die ein oder andere Parallele zu unserer Freundschaft? Ich wünsche dir viel Freude beim Schmökern und Blättern!

Geliebte Freundin!
Du hast mir durch Dein Verstehen
wohlgetan wie niemand sonst ...

Anna von Helmholtz an Cosima Wagner, 13. März 1894

Franziska Gräfin zu Reventlow (1871–1918)

EDITHA

Mit Editha war sie immer noch viel zusammen und schwärmte sie in namenloser Hingebung an. Sie hatte das Herz voller Anbetung und den Kopf voller Verse, bei Tisch, in den Stunden und abends im Bett, immer fand sie wieder neue Reime zusammen, um die Freundin zu besingen. Editha war die Schönste, die Beste, die Unvergleichliche. Wenn sie abends im Schlafsaal das Haar aufmachte, hing es wie ein dichter Mantel um sie her, die Brauen lagen gleich zwei breiten, schwarzen Strichen über den dunklen, schweren Augen. Und ihre Hände und Füße, die so klein und zierlich waren – man konnte kaum begreifen, dass Editha sie wie andere Menschen gebrauchen konnte. Für die alte Vorsteherin gab es viele schwere Stunden. Seit die beiden so eng befreundet waren, schien eine ganze Horde von Teufeln in dem ehrwürdigen alten Gebäude zu spuken ... Es kam vor, dass den Lehrerinnen Salz ins Bett gestreut wurde, sodass sie die ganze Nacht nicht schlafen konnten, oder dem Kandidaten wurden alle Knöpfe vom Mantel geschnitten und der Hut von oben bis unten mit Kreide bemalt, was dann niemand getan haben wollte. Oder Ellen und Editha wetteten, ob man Tinte trinken und vom höchsten Schrank herunterspringen könnte. Und sie tranken wirklich Tinte und sprangen von den Schränken herunter auf die Fliesen, dass die anderen leichenblass wurden vor Schreck.

Rosa Luxemburg (1871–1919)

BRIEF AN MATHILDE JACOB
Dienstag (1915)

Mein liebes Fräulein Jacob,

Ihr Brief am Sonntag war der erste schriftliche Gruß, den ich aus der Außenwelt bekam, und er hat mir viel Freude gemacht. Soeben erhalte ich den zweiten, wofür ich Ihnen herzlich danke. Seien Sie um mich ganz ruhig: Es geht mir gesundheitlich und »gemütlich« ganz gut. Auch der Transport im »grünen Wagen« hat mir keinen Schock verursacht: Hab ich doch schon genau die gleiche Fahrt in Warschau durchgemacht. Ach, es war so frappant ähnlich, dass ich auf verschiedene heitere Gedanken kam. Freilich war auch ein Unterschied dabei: Die russischen Gendarmen haben mich als »Politische« mit großem Respekt eskortiert, die Berliner Schutzleute hingegen erklärten mir, es sei »schnuppe«, wer ich sei, und steckten mich mit neun »Kolleginnen« in einen Wagen. Na, das alles sind Lappalien schließlich, und vergessen Sie nie, dass das Leben, was auch kommen mag, mit Gemütsruhe und Heiterkeit zu nehmen ist. Diese besitze ich auch hier in dem nötigen Maße. Damit Sie übrigens keine übertriebene Vorstellung von meinem Heldentum bekommen, will ich reumütig bekennen, dass ich in dem Augenblick, wo ich zum zweiten Mal an jenem Tage mich aufs Hemd ausziehen und betasten lassen musste, mit knapper Not die Tränen zurückhalten konnte. Natürlich war ich innerlich wütend über mich ob solcher Schwachheit und bin es jetzt noch. Auch entsetzte mich am ersten Abend nicht etwa die Gefängniszelle und mein so plötzliches Ausscheiden aus den Lebenden, sondern – raten Sie! – die Tatsache, dass ich ohne mein Nachthemd, ohne mein Haar gekämmt zu haben, aufs Lager musste. Damit ein klassisches Zitat nicht fehlt: Erinnern Sie sich an die erste Szene in »Maria Stuart«, als dieser die Schmucksachen weggenommen werden: »Des Lebens kleine Zierden zu entbehren«, sagte Marias Amme, die Lady Kennedy, sei härter, als harte Prüfungen zu ertragen. (Sehen Sie mal nach, Schiller hat es etwas schöner gesagt als ich hier.) Doch wohin verirre ich mich? Gott strafe England und verzeihe mir, dass ich mich mit einer englischen Königin vergleiche. Übrigens besitze ich »des Lebens kleine Zierden« in Gestalt von Nachthemden, Kämmen und Seifen alle hier – dank der engelhaften Güte und Geduld Karls –, und so kann das Leben nun seinen geregelten Lauf fließen. Ich freue mich sehr, dass ich so früh aufstehe (5.40), und warte nur darauf, dass die Frau Sonne gefälligst meinem Beispiel folgt, damit ich von dem frühen Aufstehen auch was habe. Am schönsten ist, dass ich beim Spaziergang im Hof Vögel sehe und höre: ein ganzes Rudel frecher Spatzen, die manchmal einen solchen Krach machen, dass ich mich wundere, weshalb kein strammer Schutzmann da »mang« fährt; dann ein paar Amseln, wovon der gelbschnabelige Herr aber ganz anders singt als meine Amseln im Südende. Er quatscht und kreischt nämlich ein Zeug zusammen, dass man lachen muss: Vielleicht wird (er) im März-April Scham annehmen und anständig flöten. (Jetzt muss ich übrigens an meine armen Spatzen denken, die nicht mehr auf dem Balkon ihr gedecktes Tischlein finden und wohl verwundert auf der Brüstung sitzen. (Hier müssen Sie unbedingt ein paar Tränen vergießen, es ist gar zu rührend!) ...

Liebes Fräulein Jacob,

ich erweise Ihnen die höchste Ehre, die ich einem Sterblichen antun kann: Ich werde Ihnen meine Mimi anvertrauen! Sie müssen aber noch auf bestimmte Nachricht warten, die Sie von meinem Rechtsanwalt bekommen. Dann werden Sie sie in Ihren Armen (nicht etwa im Körbchen oder Sack!!!) im Auto entführen müssen, mithilfe meiner Wirtschafterin, die Sie mitnehmen am besten (ich meine nur für die Fahrt, nicht fürs Leben) und die alle sieben Sachen der Mimi (Kistchen, Torfmull, Schüsselchen, Unterlagen und – bitte, bitte! – einen roten Plüschsessel, an die sie gewöhnt ist) mit verpacken wird. Das alles kann doch im Auto verstaut werden. Doch wie gesagt, warten wir damit noch einige Tage.

Was treiben Sie nun? Lesen Sie viel? Ich hoffe es. Ich lese eigentlich den ganzen Tag, sofern ich nicht esse, spaziere und die Zelle aufwische. Am schönsten ist die Krone des Tages: die zwei ruhigen Stunden abends zwischen 7 und 9 bei Licht, wo ich für mich denken und arbeiten kann. Frau Zetkin war leider so aufgeregt, dass ich um sie sehr unruhig bin. Seien Sie mir nun vielmals herzlich gegrüßt, leben Sie wohl und seien Sie heiter.

Ihre R. L.

Finde dich, sei dir selber treu,
lerne dich verstehen,
folge deiner Stimme,
nur so kannst du das Höchste
erreichen.

Bettina von Arnim

Katherine Mansfield (1888–1923)

WAS, GLAUBST DU, IST MIR DIE WAHRSTE FREUDE

Was, glaubst du, ist mir die wahrste Freude
Unten am Meer – der wilde, heftige Sturm der Wellen
Das schäumende Wüten der ineinander
strudelnden Wasser
Die grausame salzige Gischt, die mir ins Gesicht
bläst und schlägt.
Nassgrauer Sand auf geraden Wegen, die in die
Ferne und Weite führen
Und mit keiner Spur verraten, wo eines Menschen
Fuß auftrat
Bis nur der Himmel droben sich im Spiegel beäugt
Und die fliegenden Wolken stumm schreiend sich
schaudernd betrachten …
Das Lied des Winds, wenn ich meine Arme ausbreite,
ihn zu empfangen
Ja, das ist mir wahre Freude.

Elena Ferrante (*1943)

MEINE GENIALE FREUNDIN

Kurz vor der Abschlussprüfung an der Grundschule trieb Lila mich dazu, wieder eine von den vielen Sachen zu tun, die ich mich allein niemals getraut hätte. Wir beschlossen, die Schule zu schwänzen, und überschritten die Grenzen des Rione.

Das war noch nie vorgekommen. Soweit ich zurückdenken konnte, hatte ich mich nie von den weißen, vierstöckigen Häusern entfernt, von unserem Hof, von der Kirche, vom Park, und ich hatte auch nie den Impuls verspürt, es zu tun. Ständig fuhren Züge im umliegenden Brachland vorbei, Autos und Lastwagen fuhren den Stradone hinauf und hinunter, und doch kann ich mich nicht entsinnen, mich selbst, meinen Vater oder unsere Lehrerin nur ein einziges Mal gefragt zu haben: »Wohin fahren die Autos, die Lastwagen, die Züge, in welche Stadt, in welche Welt?«

Auch Lila schien sich nie besonders dafür interessiert zu haben, aber diesmal organisierte sie alles. Sie sagte, ich solle meiner Mutter erzählen, wir würden nach dem Unterricht alle zu einem Schuljahresabschlussfest zur Maestra nach Hause gehen, und als ich sie daran erinnerte, dass noch nie eine Lehrerin alle Mädchen zu einem Fest eingeladen hatte, entgegnete sie, dass wir das genau deshalb behaupten müssten. Es werde so außergewöhnlich klingen, dass unsere Eltern nicht die Unverfrorenheit besitzen würden, in der Schule nachzufragen, ob das

auch wahr sei. Wie immer vertraute ich ihr, und es lief genau so, wie sie es vorhergesagt hatte. Bei mir zu Hause glaubten es alle, nicht nur mein Vater und meine Geschwister, sondern auch meine Mutter.

In der Nacht davor tat ich kein Auge zu. Was war jenseits des Rione, jenseits seiner nur allzu bekannten Grenzen? Hinter uns ragten ein dicht bewaldeter Hügel und ein paar vereinzelte Gebäude direkt an den glänzenden Gleisen auf. Vor uns, jenseits des Stradone, erstreckte sich eine Straße voller Schlaglöcher, die an den Teichen entlangführte. Trat man aus dem Tor, dehnte sich rechts ein Streifen baumlosen Brachlands unter einem riesigen Himmel. Links lag ein Tunnel mit drei Eingängen, und wenn man zu den Bahngleisen hinaufkletterte, sah man hinter einigen niedrigen Häusern, hinter Tuffsteinmauern und dichtem Grün, einen himmelblauen Berg mit einem kleineren und einem höheren Gipfel, der Vesuv hieß und ein Vulkan war.

Aber nichts von dem, was wir Tag für Tag vor Augen hatten oder was zu sehen war, wenn wir auf den Hügel stiegen, beeindruckte uns. Wir waren durch die Schulbücher daran gewöhnt, mit großer Sachkenntnis über Dinge zu sprechen, die wir nie gesehen hatten, und so war es das Unsichtbare, das uns begeisterte. Lila sagte, genau in Richtung des Vesuvs liege das

Meer. Rino, der schon dort gewesen war, hatte ihr erzählt, es sei aus blauem, glitzerndem Wasser, ein wunderbarer Anblick. Sonntags, vor allem im Sommer, doch oft auch im Winter, ging er mit seinen Freunden dort baden, und er hatte ihr versprochen, sie einmal mitzunehmen. Natürlich war er nicht der Einzige, der am Meer gewesen war, auch andere, die wir kannten, hatten es gesehen. Einmal hatten Nino Sarratore und seine Schwester Marisa darüber gesprochen, im Tonfall von Leuten, die es normal finden, dass man dort manchmal hinging und Taralli knabberte oder Frutti di Mare aß. Auch Gigliola Spagnuolo war dort gewesen. Sie, Nino und Marisa hatten das Glück, Eltern zu haben, die mit ihren Kindern ausgedehnte Spaziergänge machten, nicht nur die wenigen Schritte bis zum Park an der Kirche. Unsere Eltern waren nicht so, es fehlte an Zeit, es fehlte an Geld, es fehlte an Lust. Eigentlich war mir, als hätte ich eine vage, bläuliche Erinnerung ans Meer, meine Mutter behauptete, mich dorthin mitgenommen zu haben, als ich klein war und sie Sandbäder für ihr schlimmes Bein nehmen musste. Doch meiner Mutter glaubte ich selten, und zu Lila, die das Meer überhaupt nicht kannte, sagte ich, dass ich es auch nicht kenne. Daher fasste sie den Entschluss, es Rino gleichzutun, sich auf den Weg zu machen und allein ans Meer zu gehen. Sie überredete mich, mitzukommen. Morgen.

Ich stand früh auf und verhielt mich so, als müsste ich zur Schule gehen. Brotsuppe mit heißer Milch, Ranzen, Schulkittel. Wie immer wartete ich am Tor auf Lila, nur dass wir, anstatt nach rechts zu gehen, den Stradone überquerten und uns nach links wandten, zum Tunnel.

Es war früh am Morgen und schon heiß. In der Luft lag ein starker Geruch nach in der Sonne vertrocknender Erde und Gras. Wir kletterten zwischen hohen Sträuchern auf unübersichtlichen Wegen zu den Schienen hinauf. An einem Strommast zogen wir uns die Schulkittel aus und stopften sie in unsere Ranzen, die wir im Gebüsch versteckten. Dann liefen wir durch das Brachland, wir kannten es gut, und sausten wie im Flug einen Abhang hinunter, der uns direkt zum Tunnelanfang führte. Der rechte Eingang war pechschwarz, noch nie hatten wir diese Finsternis betreten. Wir nahmen uns bei der Hand und gingen los. Es war ein langer Weg, die lichte Rundung des Ausgangs schien weit weg zu sein. Wir waren verstört vom Widerhall unserer Schritte, und als wir uns an die Dunkelheit gewöhnt hatten, entdeckten wir die Rinnsale silbrigen Wassers an den Wänden, die großen Pfützen. Äußerst angespannt setzten wir unseren Weg fort. Dann stieß Lila einen Schrei aus und lachte darüber, wie laut er explodierte. Sofort schrie auch ich und lachte ebenfalls. Nun schrien wir in einem fort, zusammen und einzeln: Lachen und Schreie, Schreie und Lachen, aus purem Spaß daran, sie dermaßen verstärkt zu hören. Die Anspannung ließ nach, die Reise begann.

Treue Liebe kann zwischen
Menschen von sehr verschiedenen,
dauernde Freundschaft nur zwischen
Menschen von gleichem Werte
bestehen. Aus diesem Grund ist die
zweite viel seltener als die erste.

Marie von Ebner-Eschenbach

❋

Carmen Sylva (1843–1916)

WEISST DU WIRKLICH, WAS DAS IST: FREUDE?

Hast du dich schon einmal so von ganzer Seele, aus aller deiner Kraft und mit all deiner Dankbarkeit gefreut, liebe Seele? Hast du gefühlt, wie es in dir aufjauchzte vor Entzücken, vor Überraschung, vor unsagbarer Seligkeit?
Weißt du wirklich, was das ist: Freude?

Oder was noch viel schöner ist: Hast du in deinem Leben schon die Gelegenheit gehabt, Freude zu machen? Weißt du, Seele, was das für ein Glück ist, Freude zu machen? Es ist vielleicht das einzige wirkliche, unzerstörbare Glück, das uns auf Erden geschenkt ist, und wir können nicht dankbar genug dafür sein. Wir wissen selbst nicht, welch hohe Gabe es ist, da wir oft nicht imstande sind, den Grad der Freude zu ermessen, die wir bereitet haben. Meistens macht man mehr Freude, als man es gedacht, und tut auch weher, als man es gewollt oder gefürchtet hat. Man liest so schwer das wunderbare verschlossene Sphinxbuch: eine andere Seele! Man steht davor und fragt sich, wie man hineindringen soll und ob man hineindringen darf. Am sichersten und besten dringt man mit einer großen und tiefen Freude hinein, nicht mit einem überwältigenden Geschenk, das vielleicht nicht den Wünschen des andern entspricht oder ihn sogar peinlich demütigt, weil es unverhältnismäßig ist: aber mit einer ganz liebevoll erdachten Freude, damit kann man Wunder tun. Eine Dame hatte gehört, dass eine andere in bitterste Not geraten war und nicht wusste, wie sie ihre zahlreiche Familie ernähren sollte, obgleich sie nicht zu stolz war, die geringste Arbeit zu verrichten, von früh bis spät. Sie besuchte sie und fand sie nicht zu Hause, ließ aber ein Veilchensträußchen für sie zurück als Liebesgruß. Die Verarmte freute sich mehr über dieses Freundschaftszeichen als über ein Geschenk, das ihr nur demütigend gewesen wäre. Freude machen ist eine ganz besondere und sehr große Kunst, die nur in des Herzens feinsten Tiefen erblühen und gepflegt werden kann. Denn es ist nicht leicht, es richtig anzufangen, und es gelingt nur dann, wenn man sich ganz in die Seele des andern versetzt und sich mit ihm freut, als wäre einem das Geschenk zuteilgeworden; manchmal ist ein Wort eine große Freude, manchmal ein Blick, ein Lächeln, ein Winken, ein Händedruck, der aus des Herzens Grunde gekommen ist und oft unbewusst getröstet und erquickt hat: Man sollte immer dem Instinkt folgen, der uns treibt: Denn der Instinkt zeigt uns mit unfehlbarer Sicherheit, wo die Blume wächst, die man pflücken und schenken soll, wo die wunde Stelle in des andern Herzen ist, auf die man Balsam legen kann. Freude ist der Sonnenstrahl, der eine Kammer vergolden kann, und wäre es auch nur für einen Augenblick! Der Augenblick ist doch gewesen und zählt im Leben. Und der die Freude gebracht hat, ist doppelt erfreut, denn Freude machen ist von allen Erdenglückseligkeiten die größte. Sie ist so goldrein, so klar, so erhaben über alle niedrigen Gefühle, dass sie den veredelt, der sie spenden darf und oft vor seinen eignen Augen besser erscheinen lässt. Denn der Strahl, der aus des andern Auge in das seine fiel, war noch weit wärmer als der, den er gebracht! O Seele! Freude und wieder Freude! Das sollte deine Losung sein! Freude und immer Freude!

Lass die Blume nicht stehn, die du dem Freunde bringen wolltest, lass das Wort nicht ungesagt, das ihm Trost spenden sollte, lass die Hand nicht an deiner Seite niederhängen, deren Druck erquicken sollte. Wenn du in ein Zimmer trittst, denk nur gleich, wen du erfreuen sollst, du kommst doch nie umsonst herein, du bist hingeschickt, um irgendetwas zu tun, das sonst ungeschehen bliebe. Sieh dich um, und gleich wirst du entdecken, wer es ist, der deiner bedarf und dem du hast Gutes bringen sollen, und wäre es auch nur ein Morgengruß, da seine Nacht unruhig und bange gewesen und er es nicht eingestehen will; oder ein Wort, damit er den Klang deiner Stimme hört, den er besonders gern hat. Oft verlangt ein Kranker nur nach dem gewissen Klang einer gewissen Stimme, die er lieb hat, auch wenn der Sinn der Worte ihn nicht erreicht, und ihm wird wohler.
Sei du so warm, dass dein Erscheinen wirkt wie ein Strahl, dass du Freude machst, nur weil du gekommen bist, liebe Seele. Das kannst du sehr wohl durch vollkommenes Selbstvergessen und Selbstentäußerung. Statt einzutreten mit dem Gedanken, dass man dir nicht wohl will, sei du wohlwollend, und du wirst siegen wie die Sonne über den Frost und Winterreif über Nebel und düstere Wolken. Vor deiner unverwüstlichen guten Laune werden dunkle Stirnen sich aufheitern und ein Lächeln erwachen und ein freundlich Wort zu den Lippen aufsteigen, die vorher mürrisch verschlossen waren. (...)

Freude und noch einmal Freude sei die Losung! Sie ist himmel-geboren, und sie liegt in der Möglichkeit des Ärmsten, der sein Stück Brot teilt, des Hungernden, der noch Hungrige laben kann, und wäre es mit einer am Wege gepflückten Leere oder dem letzten Schluck aus seiner Feldflasche. Man kann immer noch etwas opfern. Zum Freudemachen ist kein Händchen zu klein, kein Beutel zu leer, kein Herz zu trauervoll.

Zum Freudemachen schließe all deine Schleusen auf, liebe Seele, und du wirst dich wundern, wie unermesslich reich du bist!

Zum Freudemachen gib dich selbst, deine Ruhe, deine Frei-heit, deine heiligsten Gedanken, deine reichste Fantasie, zum Freudemachen ist nichts zu gut, das dein ist!

Beate Teresa Hanika (*1976)

DAS MARILLENMÄDCHEN

Das Herz eines Mädchens ist eigenwillig. Es hängt sich nicht an jeden. Deswegen war Pola klar, dass sie nie mehr von Rahel würde lassen können. Sie ließen den Nachmittag vergehen, tauchten im See, bangten, dass der Regen zu früh kommen könnte, und pusteten die Wolken fort. Erforschten ihre Gesichter. War da etwas? Gab es etwas, das sie verband? Etwas das zeigte, dass man zusammengehörte? War es die Stimme? Dieselbe Bewegung, wenn sie sich eine Haarsträhne aus der Stirn strichen? Die Luft war heiß und feucht, so heiß, wie sie nur an Nachmittagen mitten im Hochsommer sein konnte. Es dampfte überall aus dem Schilf, und die Frösche sangen nur noch leise, schliefen im Schlamm, ließen sich am Ufer entlangtreiben. Der Biber raschelte im Gebüsch, wagte sich aber nicht heraus, und die Mädchen dösten, Seite an Seite, und ihre Finger verschränkten sich, knoteten sich, lagen zwischen ihnen, als wäre die andere das fehlende Puzzleteil, nach dem sie schon immer gesucht hatten. Pola war glücklich.

Als die Sonne hinter den Bäumen verschwand, schwamm Pola zurück. Sie umrundete die Insel, um nicht von ihrem Bruder und Götz entdeckt zu werden.

»Wir sind ein Geheimnis«, hatte sie Rahel zugeraunt.

»Warum?«

»Irgendwann sage ich es dir.«

»Ein gutes oder ein schlechtes Geheimnis?«

Sie hatte nur mit den Schultern gezuckt, und Rahel hatte sie leicht mit dem Zeigefinger an der Oberlippe berührt.

»Pssst. Ein gutes Geheimnis.«

Diese Berührung brannte jetzt immer noch auf ihrem Mund. Brannte, während sie mit kräftigen Zügen durch das dunkle, tiefe Wasser in das helle, seichte schwamm. Während die Wolken jetzt doch zurückkamen und so tief über dem See hingen, dass Pola sie fast greifen konnte.

Julia Engelmann (*1992)

MIT DIR ZU SPRECHEN

Und mit dir zu sprechen tut mir jedes Mal gut,
weil du mich verstehst, wie das sonst keiner tut.
Du nimmst mir die Angst, ganz ich selbst zu sein,
lässt mich nie einsam, schon gar nicht allein.

Und mit dir zu sprechen macht mir jedes Mal klar,
dass ich zu schnell vergesse, wie gut ich es hab,
und zu schnell verletzt bin, wenn mich einer nicht mag.
Du weißt es: Ich schätze jeden einzelnen Rat.

Mit dir zu sprechen ist genau, wie es war
beim ersten Mal treffen vor über zehn Jahren.
Wenn ich dich nicht hätte, würde ich mich fragen,
wie es wohl wäre, beste Freunde zu haben.

BRIEFE EINER
FREUNDSCHAFT

Stockholm, 26. 5. 1954

Liebe Louise Hartungchen!

Wie schön, dass es Menschen gibt, von denen man weiß, dass sie einem verzeihen, obwohl man sich unverzeihlich benommen hat. Ich habe so lange geschwiegen, aber ich gehe ganz ruhig davon aus, dass Sie mir trotzdem nicht zürnen. Bevor ich noch etwas sage, möchte ich (obgleich Sie beteuern, das sei nicht nötig) für all die Blumen danken. Wissen Sie, dass Blumen absolut nötig für mich sind? Und Sie schicken mir einen ganzen Armvoll. Eine Sendung habe ich mit in den Verlag genommen. Ich war gerade in ein neues Zimmer umgezogen, und die Blumen standen auf dem Schreibtisch und erleuchteten den ganzen Raum, und jeder, der die Treppe heraufkam, fiel bei ihrem Anblick in Trance. Die nächste Sendung habe ich mit in mein Landhaus genommen, weil sie kamen, als ich gerade dorthin fahren wollte. Ich hatte eine ganze Schale voll, und es war ein herrlicher Anblick. Vor einer Weile kam eine dritte Sendung, was für ein Flieder! Ihr Garten muss ein wahrer Lustgarten sein. Wie leer die Welt ohne Blumen wäre. Ich habe Blumen und Bäume so gern. (Schicken Sie mir jetzt aber auf keinen Fall einen Baum – ich glaube, Sie wären imstande, loszugehen und eine Linde auf der Straße Unter den Linden zu fällen, falls Unter den Linden noch Linden stehen). Aber dennoch. Blumen und Bäume – wie leer wäre die Welt ohne sie. Nun will ich ein bisschen erzählen,

warum ich so lange geschwiegen habe. 1) Ich habe gearbeitet wie ein Sklave, teilweise an zahlreichen Rundfunkprogrammen, teilweise im Verlag, teilweise an meinem neuen Buch, das jetzt beendet ist. (Ich schicke ein Manuskript an Oetinger. Wenn die Zeit reif und es einmal übersetzt ist, wäre ich sehr dankbar, wenn Sie mir einen besonderen Gefallen täten und die Übersetzung durchsehen und mit dem schwedischen Original vergleichen würden, weil es in diesem Buch mehr als sonst so sehr auf die Satzmelodie ankommt.) 2) Ich bin ein bisschen krank gewesen und zu dem Schluss gekommen, dass ich Gallensteine habe. Freilich nicht durch Röntgen festgestellt, aber die Symptome stimmen. Meine Schmerzen waren nicht unerträglich, aber auch ein kleiner bohrender Schmerz trägt dazu bei, dass man gerade keine Briefe schreibt. 3) Ich werde nach Italien fahren. Das wurde fröhlich und fix entschieden. SAS (Scandinavian Airlines System) hat mich nämlich zu einer Flugreise nach Rom eingeladen, und der Verlockung konnte ich nicht widerstehen. Ich nehme meine Tochter mit und fahre für drei Wochen dorthin. Da dies so schnell gekommen ist, hat es zur Folge, dass Tausendmillionen Sachen vorher erledigt werden müssen. Und jetzt erscheint mir nichts erholsamer, als irgendwohin zu kommen, wo man telefonisch nicht erreichbar ist und wo es keine Menschen gibt, die einen kennen. Ich bin ziemlich müde und habe große Sehnsucht danach, mich auszuruhen. Meine Englandreise wird deshalb etwas aufgeschoben, aber ich habe den Kindern versprochen, dass noch etwas daraus wird, und mein Wort muss ich halten.

Ich möchte sehr gern wissen, wann Sie Ihren Urlaub planen. Sollte ich unglücklicherweise erst Ende August wieder in Schweden sein, haben Sie dann noch einige Tage frei? Sie arbeiten sich hoffentlich nicht zu Tode vor Ihrem Urlaub? Ich kann förmlich sehen, wie Sie von Westfalen nach Berlin stürmen und überall arbeiten, arbeiten, arbeiten.

Du lieber Gott, wie schön es im Augenblick ist. Frühling und die große Wärme sind nun wirklich angekommen. Das helle Grün ist das Wunderbarste, was es gibt, und man wird ganz wehmütig von all dieser Schönheit, die jeden Frühling zurückkehrt und von der man weiß, dass sie wieder und wieder und wieder kommt, auch wenn es einen nicht mehr gibt.
Könnten Sie mir nicht ein paar Zeilen nach Italien schreiben. Z. B. vor dem 3. Juni ans Hotel Quirinale, Via Nazionale 7, Rom. Oder vor dem 15. Juni ans Hotel Syrene, Sorrento, oder vor dem 21. Juni ans Park Hotel, Locarno. (Wenn ich an Ascone vorbeikomme, werde ich lauschen, ob es dort ein Echo Ihrer *silberne Stimme* gibt.) (…)

Danke und lassen Sie es sich gutgehen, und arbeiten Sie sich nicht zu Tode und schreiben Sie bald.

In Verbundenheit
Astrid Lindgren

Oje, in diesem Brief wimmelt es von »ich«.

Liebe – jetzt fliegen Sie schon über Deutschland! Wie ich mich freue, dass Sie diese Italienreise jetzt machen. (...)

Wenn ich mir auch nur vorstelle, Sie können einen heftigen Gallenanfall bekommen, rege ich mich schon auf, wie soll das werden, wenn Sie ernsthaft krank werden? Ich will darüber jetzt nicht nachdenken, aber ich glaube, ich halte das nicht gut aus. Sie müssen schon mit Rücksicht auf andere gesund bleiben.

– Wie schön, dass Sie Ihr Buch abgeschlossen haben, ich habe Sie niemals gefragt, während Sie schrieben, wie es heißen wird, wovon es handelt, nichts gefragt, was mich brennend interessiert, weil ich weiß, wie ungern es sich von halbfertigen Dingen erzählt. Aber dass Sie jetzt auch so schweigsam bleiben, sollte Ihnen nicht so schnell verziehen werden. – Es gäbe wohl nichts, was ich nicht gern für Sie tun würde, aber sicherlich nichts, was ich lieber täte, als Ihr Buch zu lesen und mit der Übertragung zu vergleichen. Aber nicht, um mir *eine besondere Gunst zu erweisen* – wenn Sie anfangen, die Sprache der chinesischen Mandarine einzuführen – die kann ich auch –, dann gnade Ihnen Gott! Dann wird Ihr unwürdiger Diener, den Sie huldvoll, aber maßlos überschätzen, seine bescheidenen Kräfte daransetzen, sich der unverdienten Gunst würdig zu erweisen, und Ihre erleuchteten Zeilen mit gesenkten Blicken zu verstehen zu versuchen.

Ich glaube wohl, dass ich ziemlich gut weiß, wie sehr Sie Blumen lieben. Nun wäre ja die Fleurop ein einfacheres Verfahren, aber das sind ja dann nicht die Blumen, die ich auch liebe. Ich erinnere mich genau an alles, was Sie gedacht haben, als Sie in Berlin in einem Heim als besondere Ehrung einen schauerlichen Strauß von töricht zusammengehäuften Blumen bekamen, bis ich Sie davon befreite. Sie haben so eine erstaunliche Art, laut zu denken, und es fiel mir so leicht, ohne ein einziges gesprochenes Wort mich mit Ihren Gedanken zu unterhalten. Welch ein seltsames Spiel! Und niemals werde ich den Abend im Schlosspark-Theater vergessen. Oh, wie war ich verwirrt! Dass ich an einem Kino Karten fürs Theater kaufen wollte, dabei kenne ich das Theater aus eigenem Auftreten in- und auswendig! Mir war an dem ganzen Abend, als wäre ich mit Ihnen allein auf der Welt, es war wie ein Wiedersehen mit einem Menschen, den ich seit vielen, vielen Jahren kenne, und nichts, nichts, nichts war mir fremd, jede Wesensäußerung war mir vertraut und alles gleichermaßen lieb. Ich fühlte mich mit meinem ganzen Sein eingefangen von den Ausstrahlungen eines Menschen, der mir über alle Maßen liebenswert erschien. Erscheint! Immer noch! Immer wieder!

Bitte schreiben Sie, ob Sie ganz gesund sind!

Herzlichst
Ihre Louise Hartung

MEIN PAULINCHEN

In der Schule hatte ich eine Freundin. Es war eine sonderbare Freundschaft, intim und ganz hingegeben, und doch fast unpersönlich, ohne eine Spur von Zärtlichkeit oder Anteilnahme an den persönlichen Schicksalen der Kameradin. Mein Paulinchen war ein bitterarmes Mädchen, das immer nur geflicktes Zeug trug und schwarzwollene Hosen. Darum gingen die anderen Kinder lieber nicht mit ihr um. Ich sah die Flicken gar nicht, und aus den schwarzen Hosen machte ich mir nichts.

Wir gingen oft stundenlang Hand in Hand im Tiergarten spazieren und redeten und redeten, das heißt, wir schwärmten von Schiller und Goethe, von Heine und George Sand (ach Consuelo!), von dem Grafen von Monte Christo und dem Literaturlehrer Palm, und hätte es damals schon Pferdebahnen und Omnibusse gegeben, wir wären gewiss etliche Male überfahren worden. Zuweilen entrüsteten wir uns aber auch, z. B. über den Religionslehrer, der in der Stunde gesagt hatte, dass dem lieben Gott der Bauch vor Lachen gewackelt, als er vernommen, dass es auf Erden Atheisten gäbe. Und das war der vornehmste Professor der Schule gewesen, der mit den »Geheimnissen von Paris«.

Von den kleinen Bosheiten, Intrigen, Klatschereien und Kleiderfragen, wie sie zwischen Schulmädchen üblich sind, wussten wir absolut nichts.

Später gingen wir zusammen in den Konfirmationsunterricht, und wir schwärmten wieder gemeinschaftlich für den Prediger, einen alten Herrn mit weißen Haaren, einer Habichtnase und kleinen, funkelnden, schwarzen Augen.

In dem Moment, wo jemand zu Dir sagt: »Ich will Deine Freundin sein«, und Du nimmst an, beginnt ein Lebensabschnitt, der genauso große Bedeutung hat und den man genauso ernst nehmen muss, als wäre es der Geliebte, dem man sich mit Leib und Seele geschenkt hat, für immer!

Geraldine Endsor Jewsbury an Jane Welsh Carlyle, 25. Juni 1845

Catharina Elisabeth Goethe (1731–1808)

BRIEF AN BETTINA BRENTANO

Frankfurt, 28. August 1808

Liebstes Vermächtnis meiner Seele

Das ist einmal ein gar erfreulicher Tag für uns, denn es ist unseres lieben, meines liebsten Sohnes und Deines Bruders Geburtstag, ich weiß zwar gar wohl, dass Du es gar nicht leiden kannst, dass ich [ihn] Dir als Bruder schenk, aber warum? – Ist er Dir zu alt? Da sei Gott vor, denn ein so kostbarer Stoff, wie in diesem seinem Leib und Seele verwirkt ist, der bleibt ewig neu, und ja sogar seine Asche soll einst vor andern das beste Salz haben, an die eine Mutter absonderlich am Geburtstag zu denken Bedenken tragen möcht, aber wir zwei sind nicht abergläubig und für seine Unsterblichkeit schon dergleichen Ängstlichkeit überhoben. Ich vorab hab gewonnen Spiel, denn in diesem Jahr zähl ich 76 Jahr und hab also den Becher der Mutterfreude bis auf den letzten Tropfen geleert; mir kann nicht Unglücks-Schicksal aufgeladen mehr werden. – Doch ich muss Dir zutrinken, denn mein Lieschen hat mir alleweil den besten Wein heraufgebracht und eine Boutelle Wasser, denn Du weißt, dass ich ein Wassernymph bin; und zwei Pfirsich sind daneben, der ein für Dich, der ander für mich, ich werd sie beid verzehren in Deinem Namen – und jetzt stoß ich mit Dir an, Er soll leben! Dann wollen wir weitersprechen.

Du wirst doch auch wohl heut an irgendeinem pläsierlichen Ort auf seine Gesundheit trinken. – Jetzt sag ich Dir's, es hat geschmeckt – ja es ist recht einsam in Deiner und meiner Vaterstadt! – Das hab ich mir heut überlegt beim Aufwachen; die Sonn hat geschienen aus allen Kräften und hat mir bald zu heiß eingefeuert, aber sonst auch nichts hat geschienen; heut Morgen kommen ein paar – keiner denkt daran, dass ich Mutter bin heut. – Nun!, dacht ich, was ist das für ein ärgerlich Geschicht, dass meine Bettine nicht da ist – denn die hätt mir gewiss den schönsten Strauß heut gebracht – so ein recht herrlicher Strauß wie im vorigen Jahr, da warst Du noch nicht 3 Wochen mein täglich Brot und warst doch schon meine beste Bekanntschaft von allen, die ich aufzählen kann.

– Den Federkiel in die Hand nehmen und mühsam zackern, das ist nicht meine Sach, da ich lieber im vollen Weizen schneiden mag und lieber erzähl als schreib; aber für den heutigen Tag und diese Empfindung in meiner Brust ist Kraut gewachsen, dem muss einmal mit einem verdienstlichen Schweiß Recht getan werden.

Die Plapper-Elstern, die Stadtmadamen, was verstehen die von unsern goldnen Stunden, die wir miteinander verplaudern, die sollen daran kein Teil haben, aber Du sollst und musst Dein Teil genießen, sonst könnt mir 's Herz bersten. Jetzt hab ich schon in der Früh, wie meine Stube ganz vom Morgenrot durchschienen war, an Dich gedacht, und da ist die Lieschen an mein Bett gekommen, die hat gesagt, wie schad es ist, dass Du in der Ferne bist an so einem schönen Tag; ich hab ihr aber Bescheid gesagt, dass einerlei ist, wo Du bist, wirst Du Deiner Freundin Deiner Mutter, die Dich gern zu ihrem Sohn zählt und schon daran gewohnt ist, schriftlich wie mündlich es Dir zu repetieren, an die wirst Du denken heut und mit ihr Gott danken, dass der sie so gnädig bis ans End in ihrem Anteil an den himmlischen Freuden einer Mutter geschützt hat. – Was kann ich Dir noch hinzufügen?

– – – Dass ich Gott auch für Dich dank als meine beste Freud hier auf Erden, in der mir alles Genossene aufs Neue lebendig geworden ist; das ist erstens – und dann zweitens hab ich Dich in mein Herz geschlossen; apart, weil Du nicht zum Narrenhaufen gehörst, und hast Dich zu mir retiriert, als weil ich allein einen rechten Verstand von Dir hab, denn Du gehörst zu der Art, die mir seel- und blutsverwandt ist – die wird aber nicht so leicht gefunden und auch nicht gekannt, so nehme doch meinen Dank, dass Du Deinem Wegweiser, der Gott ist, gehorsam warst, und hast Dich nicht gewehrt, bei einer alten Frau, so jung, wie Du auch bist, Dein Lager aufzuschlagen – und erkenn in diesen schwachen Zeilen mein zu volles Herz, das mit Sehnsucht Deiner baldigen Ankunft entgegenschlägt. Ich kann nichts mehr hervorbringen und verspare alles auf eine baldige köstliche mündliche Unterhaltung.

Behalt lieb Deine Dich ewig liebende Mutter

Goethe

Francisca Stoecklin (1894–1931)

WIR WOLLEN UNS IMMER DIE HÄNDE HALTEN

Wir wollen uns immer die Hände halten,
damit unsre Seelen nicht in den kalten,
notvollen Nächten einsam erfrieren.

Wir wollen uns immer tiefer finden,
damit wir uns nicht wie die armen Blinden
im schwarzen Walde traurig verirren.

Wir wollen uns immer die Hände halten,
damit wir uns nicht zu tief in die Falten
des unendlichen Lebens verlieren.

Marie von Ebner-Eschenbach (1830–1916)

EINEN MENSCHEN WISSEN ...

Einen Menschen wissen,
der dich ganz versteht,
der in Bitternissen
immer zu dir steht,
der auch deine Schwächen liebt, weil du bist sein;
dann mag alles brechen,
du bist nie allein.

Simone Lappert (*1985)

DAS FÜR SICH BEHALTENE

Es war ein prächtiger Frühsommerabend, wie Ada ihn seit Monaten herbeigesehnt hatte. Gegen neun Uhr abends war es noch immer hell und heiß; zwischen den Pflastersteinen stadteinwärts staute sich die Hitze, in den Bistros und Cafés am Rheinbord kämpften die Gäste mit ihren Portionen, die Vögel saßen schlaff in den umliegenden Bäumen und schienen nur aus Pflichtgefühl vereinzelte Töne von sich zu geben. Ada schwamm in Rückenlage mit kräftigen Zügen den noch kühlen Rhein hinunter, bis sie Maria mit ihrem roten Sonnenhut am Ufer winken sah. Ein schwerer Blütengeruch, den Ada nicht zuordnen konnte, mischte sich mit dem Geruch des Erdbeerkuchens, den Maria auspackte, als Ada sich tropfend aus dem Wasser ans Rheinbord stemmte. Überall aßen, fläzten und plapperten hitzefaule Menschen. Ada wrang das Schwimmwasser aus ihren Haaren.

»Lass uns endlich deinen Erdbeerkuchen anschneiden«, sagte sie. Maria holte ein Brotmesser aus ihrer Strandtasche, schnitt den Kuchen in zwei Hälften und reichte Ada eine Gabel. »Schau mich nicht so an«, sagte sie, »wenn ich zwanzig Stücke draus mache, zerdrücke ich nur die schönen Erdbeeren, und am Ende essen wir trotzdem den ganzen Kuchen auf. Außerdem kannst du gut noch was auf die Rippen vertragen.«

Sie gabelte sich ein großes Stück Kuchen in den Mund und lehnte sich genüsslich kauend gegen die warme Steinmauer. »Ah«, sagte sie, »jetzt könnte ich sterben.«

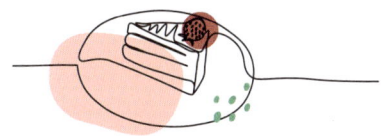

»Sag das nicht«, sagte Ada, »so etwas sagt man nicht.«

Maria leckte ihre Gabel ab: »Warum denn nicht? Das wäre doch der perfekte Moment, so mitten in dieser Zufriedenheit, im Badeanzug und mit Erdbeerkuchen im Mund.«

»Lass es einfach«, sagte Ada, »bitte.«

Maria schmunzelte und klaubte mit spitzen Fingern ein paar Erdbeeren von ihrer Kuchenhälfte. Ada zündete sich eine Zigarette an und füllte sich abwechselnd mit Rauch und Kuchen den Mund. An der Litfaßsäule der Fährstation klebte eins dieser grellen Plakate von Mord an Bord. Links darüber, von beiden Seiten her fast überklebt mit Werbung für Aufstrich, sah Ada ihr Gesicht auf einer alten Reklame der Brotbüchse, das Papier um ihren Mund warf bereits Blasen. Maria folgte ihrem Blick. »Dieses Würstchen von Regisseur gehört endlich ordentlich verknackt«, sagte sie.

»Tja«, sagte Ada, »dafür hat die Kanuschule jetzt ein Lager direkt am Hafen.«

»Mist«, zischte Maria auf einmal und schaute entgeistert zur Fährstation, blitzartig verdeckte sie mit der breiten Hutkrempe ihr Gesicht. »So ein verfluchter Mist«, murmelte sie, »wir müssen sofort verschwinden.«

»Was ist denn los?«, fragte Ada mit vollem Mund. »Was hast du denn auf einmal?«

»Gib mir dein Handtuch«, sagte Maria, »schnell, und pack unser Zeugs ein.«

Ada reichte ihr das Handtuch und begann zusammenzupacken. Verstohlen schaute sie dahin, wo Marias Blick erstarrt war. Eine adrette ältere Dame stieg von der Fähre, in Begleitung eines etwas jüngeren Mannes, der einen Sonnenschirm für sie aufhielt. Maria legte sich das Handtuch über Kopf und Schultern und rannte zur Treppe, die hoch auf die Rheinpromenade führte.

»Was ist mit dem Kuchen?«, sagte Ada. »Lass uns wenigstens noch den Kuchen einpacken.«
»Scheiß auf den Kuchen«, zischte Maria, »mir ist sowieso schlecht.« Oben angekommen, rannte sie einfach an ihrem Fahrrad vorbei, rannte die Rheinpromenade entlang, rempelte Eis essende Kinder an und flanierende Pärchen, rannte, vornübergebeugt, das Handtuch an den Kopf gepresst, bis sie in das schmale Gässchen einbiegen konnte, das hoch zur Kaserne führte und seiner schattigen Kühle wegen menschenleer war. Dort erst hielt sie an, stützte sich mit beiden Händen auf den Oberschenkeln ab und keuchte, das Handtuch rutschte ihr von den Schultern und fiel aufs Pflaster, sie machte keine Anstalten, es aufzuheben. Auch Ada rang nach Luft und war froh, Maria eingeholt zu haben. Sie stellte die Strandtasche neben Maria auf den Boden, der Erdbeerkuchen, den sie lose auf die Tücher gepackt hatte, war beim Rennen hin und her geschleudert worden und klebte nun an den Taschenwänden. Ada hob

Marias Handtuch auf und warf es in die Tasche, dann setzte sie sich auf die Bank, die am Gassenrand in die Kasernenmauer geschraubt war, ihre Haare klebten nass an ihrer Stirn. Sie fror jetzt und klaubte das Handtuch wieder aus der Tasche, wickelte es um ihren Körper und schnippte eine Erdbeerscheibe weg, die am Handtuchsaum klebte. Maria richtete sich auf und nahm den Hut vom Kopf. Sie zitterte.

So hatte Ada sie noch nie gesehen, sie sah so klein aus und alt, und ihre Gesichtszüge waren völlig ausdruckslos, als gäbe es für das, was sie eben gesehen hatte, keine Mimik, als wären ihre Gesichtsmuskeln auf dieses Ereignis nicht vorbereitet gewesen und aus Überforderung erstarrt. Abwesend schob Maria einen Fuß vor den anderen und setzte sich neben Ada auf die Bank. Ada wagte nicht, Maria anzufassen, irgendwie fürchtete sie, sie könnte sie damit erschrecken.

»Was ist denn passiert, Maria?«, fragte Ada leise.
»Was ist passiert«, murmelte Maria, ohne aus dem Satz eine Frage zu machen, wie eine Antwort murmelte sie die Worte ein paarmal vor sich hin. »Was ist passiert ... Was ist passiert ...« Plötzlich hob sie den Kopf und schaute Ada an, schaute vielleicht auch an ihr vorbei. »Sie sah glücklich aus, findest du nicht?«, sagte sie. »Richtig glücklich.«
»Wer«, sagte Ada, »wer sah glücklich aus?«

»Sie hat immer noch diese Bäckchen«, sagte Maria, »so was gab es damals bei uns nicht, so was hat man bei uns in Moskau nicht gesehen.«

Ada folgte Marias Blick, aber dort, wo Maria hinschaute, waren nichts als der Kasernenparkplatz und die Autodächer, über denen die Hitze flirrte.

»Und der Mann sah auch glücklich aus«, sagte Maria, »die Art, wie er den Schirm für sie gehalten hat ...«

Jetzt erst begriff Ada, dass Maria von der adretten Dame an der Fährstation sprach.

»Die Frau, die vorhin von der Fähre gestiegen ist«, sagte Ada, »woher kennst du sie?«

Maria senkte den Kopf und begann, den roten Lack von ihren Fingernägeln zu kratzen. Sie presste die Lippen fest aufeinander, mit Gewalt hielt sie die Worte dahinter zurück und kratzte weiter an ihren Nägeln, kleine rote Lacksplitter fielen auf ihr hellblaues Sommerkleid. Und als sie den Mund schließlich öffnete, überschlugen sich die angestauten Sätze zu einem Stammeln, und es kostete sie ein paar hastige Atemzüge, sie zu ordnen.

»Rita«, sagte sie, »Rita mit den roten Bäckchen. Ihr Vater hatte damals in Moskau zu tun, ein hohes Tier bei der Schweizer Eisenbahn. Seine Tochter hat er mitgeschleppt. Warum auch immer. Leo war zu der Zeit noch Bühnenbildner am

Tschechow-Theater. Nach einer Premiere hat diese Rita ihm den Kopf verdreht mit ihren Fruchtbäckchen. Das war nur ein paar Wochen nach unserer Verlobung. Ganz begeistert war er von ihr und davon, wieder Deutsch reden zu können, diese Sprache, die mir so fremd war und die er so gut beherrschte, weil er ein paar Jahre lang in der DDR stationiert gewesen war. Manchmal habe ich ihn nachts telefonieren gehört. Seine Stimme war so weich dabei, er hat so achtgegeben auf seine Worte, wenn er mit ihr sprach, das war zu hören, auch wenn ich nichts verstanden habe von dem, was er gesagt hat. Ihretwegen hat er die Stelle hier angenommen. Um bei ihr zu sein. Ihr Vater hatte sie ihm angeboten, er hatte sich von Rita einwickeln lassen und wollte ihm helfen wegzukommen. Ich konnte Leo nicht verübeln, dass er wegwollte. Wir wollten alle weg. Leo hat von einer besseren Zukunft geredet und mich in Moskau hocken gelassen, er würde mich nachholen, hat er gesagt. Pustekuchen. Wochenlang habe ich nichts gehört von ihm, meine Briefe hat er nicht beantwortet, und einen Telefonanschluss hat er sich nicht einrichten lassen. Mir blieb nichts anderes übrig, als das Sparkästchen meines Vaters zu plündern und für die Rolle in einem Gastspiel in Wien vorzusprechen. Nachdem ich dem Regisseur schöne Augen gemacht habe, hat er mich für eine winzige Nebenrolle besetzt. In Wien habe ich mich noch vor der Hauptprobe in den Nachtzug nach Basel gesetzt, Leo hat vielleicht Augen gemacht. Immer noch

hat er alles abgestritten, der Mistkerl, hat irgendwas gefaselt von wegen er habe das alles nur für mich getan, für ein besseres Leben. Und ich habe ihm geglaubt, weil ich ihm glauben wollte. Bis diese Rita vier Tage später bei uns vor der Tür gestanden und sich Leo um den Hals geworfen hat. Ich kann mich noch genau an den Pfefferminzduft ihres Parfüms erinnern, an das Geräusch ihrer Absätze auf dem Parkett.

Als Rita mich in der Küchentür stehen sah, fing sie an, uns zu beschimpfen. Offenbar hatte Leo es versäumt, ihr mitzuteilen, dass er immer noch mit mir verlobt war. Ich habe mich nicht vom Fleck gerührt und einfach nur still vor mich hin geweint, und Rita hat getobt und Leo vor die Füße gespuckt und immer wieder das einzige russische Schimpfwort wiederholt, das sie kannte, ›Durak, Durak‹, sagte sie, ›du Dummkopf‹. Und Leo hat nur die Hände in den Taschen vergraben und den Blick auf den Boden gesenkt, und irgendwann hat er gesagt, das werde ihm jetzt zu blöd, zuerst nur auf Deutsch und dann auf Russisch, wirklich zu blöd werde ihm das, und ohne uns anzusehen, hat er sich an uns vorbeigedrückt; er werde jetzt arbeiten gehen, das sei ja nicht zum Aushalten. Rita ist ihm schreiend durchs Treppenhaus nachgerannt. Ich habe sie durchs Wohnzimmerfenster beobachtet, sie hat es nicht geschafft, ihn einzuholen. Bis gerade eben habe ich sie nicht wiedergesehen. Und den Rest der Geschichte kennst du ja. Es wäre Leos freier Tag gewesen.«

Maria fuhr sich mit den Fingerspitzen über die Lippen, hin und her, als wolle sie sichergehen, dass kein Wort mehr daran klebte. Mit den Tränen in ihren Augen kam der Ausdruck zurück in ihr Gesicht. Sie hielt sich an der Sitzfläche der Bank fest und schluchzte, die Tränen tropften zu den Lacksplittern in ihren Schoß. »Wenn ich einfach in Moskau geblieben wäre«, sagte sie, »wenn ich es einfach eingesehen hätte ...« Sie nahm das zweite, kuchenverschmierte Handtuch aus der Strandtasche und schneuzte hinein. »Wenn du wüsstest«, sagte sie.
»Was«, sagte Ada, »wenn ich was wüsste?«

Maria schüttelte den Kopf und atmete flach, es kostete sie große Mühe, den schweren Gedanken aus der Gedächtniskiste zu heben, in der sie ihn vor über vierzig Jahren verpackt und weggeschoben hatte. »Als die beiden da zusammen im Wohnzimmer gestanden haben«, sagte sie, »und als Rita ihre kleinen weißen Hände so selbstverständlich in Leos Haare gekrallt hat und wie er an ihr gerochen hat, an ihrer Pfefferminzhaut, da ist alles in mir ganz hart geworden, meine Lunge und mein Bauch und meine Augen, und ich habe mir wirklich einen Moment lang gewünscht, er würde einfach tot umfallen. Ich habe es mir gewünscht, verstehst du, nur einen winzigen Moment lang, aber ich hab's mir gewünscht ...«

Ein heftiges Schluchzen schüttelte Marias Worte durcheinander, sie krallte ihre Hände ins Strandtuch und presste es vors Gesicht. Ada hatte jetzt keine Scheu mehr, Maria in den Arm zu nehmen, sie schlang beide Arme um sie und strich ihr über die Locken, die vom Haarspray ganz starr und von der Sonne noch warm waren.

Maria hob ihr Gesicht von Adas Schulter, ihre Wimperntusche war übers ganze Gesicht verschmiert, ihr Lippenstift verwischt. »Ich schleppe diese elende Trauer jetzt schon so lange mit mir herum«, sagte sie, »so lange. Manchmal kommt es mir vor, als wäre ich nie dreiundzwanzig geworden, als würde ich immer noch an diesem Frühstückstisch sitzen und darauf warten, dass Leo von der Arbeit kommt.« Sie wischte die Lacksplitter von ihrem Kleid und glättete den Stoff über ihre Knie, spannte ihn, ließ ihn wieder los. »Und sie, sie geht mit einem andern spazieren, lässt sich den Schirm tragen, lebt, verstehst du, macht weiter.«

»Ich finde, es ist Zeit, dass dir mal wieder jemand den Schirm aufhält«, sagte Ada.

»Du machst mir Spaß«, sagte Maria, »wer will mich denn mit dieser Trauer? Ich kann sie mir ja selbst von weitem ansehen. Hier«, sie rollte die faltige Haut unter ihren Augen zwischen den Fingern, »und hier«, sie zeigte auf ihren Bauch, der sich unter dem Sommerkleid wölbte.

»Niemand wird von dir verlangen, dass du deine Trauer vollständig loswirst«, sagte Ada. »Aber wenn du sie als Mauer aus Pappschachteln vor dir herschiebst, hat keiner die Chance, sich dir zu nähern.«

Maria seufzte. »Meine Schminke ist da überall, oder?«, sagte sie und zeigte auf ihr Gesicht.
Ada nickte.

»Dann möchte ich mich jetzt frischmachen«, sagte Maria und stand auf, »und danach möchte ich einen Schnaps trinken gehen, einen Aprikosengeist«, sagte sie, »oder einen gespritzten Wermut, auf jeden Fall mit Eis ... Nimmst du unsere Sachen?« Sie hatte sich wieder gefangen und ging mit gewohnt eleganten Schritten Richtung Parkplatz. Vielleicht ein klein wenig wackliger als sonst.

Meine geliebte Rosentochter!
Teure Schwester!

Nur das Unglück, nur die Bosheit darüber,
dass wir getrennt leben müssen, macht es,
dass ich, ohnerachtet unserer Freundschaft
und unserer Liebe zueinander, Dir
beinahe gar nicht schreibe ...

An einem Stamm erwachsen, unter demselben
Dache dieselben Dinge gesehen, erlebt,
gelitten, genossen; gutgeartet wie wir
sind zur Freundschaft gestimmt, verlieren
Schwestern, wenn sie sich trennen, was sie
auf der weiten Erde nicht wiederfinden ...

Deinen Brief von diesem Frühling,
eine Antwort auf meinen vom Hochzeitstag,
hab ich fest ins Herz geschlossen!
Alles, alles sollst Du wissen, alles wollen
wir sprechen, alles sollst Du sagen!

Rahel Varnhagen aus Frankfurt am Main an ihre
Schwester Rose in Den Haag, 30. Dezember 1815

Irmgard Keun (1905–1982)

PORTRÄT EINER FRAU MIT SCHLECHTEN EIGENSCHAFTEN

Zuweilen kann ich mich nicht leiden. Wie einem das schon mal bei Menschen geht, mit denen man ununterbrochen zusammen sein muß. Es fällt mir dann schwer, noch irgendein gutes Haar an mir zu finden. Meine schlechten Eigenschaften sind zahlreich und nicht umstritten. Ich bin nicht edel. Bücher schreib' ich nicht, um die Menschen zu verbessern, sondern um Geld zu verdienen. Ob ich auch dann schreiben würde, wenn ich genug Geld hätte, kann ich nicht beurteilen, da ich noch nie genug Geld gehabt habe. Ich bin faul. Wenn ich einen ganzen Tag hindurch nichts tue, hab' ich nicht eine einzige Sekunde Langeweile und nicht ein einziges Mal das Bedürfnis zu arbeiten. Ich habe keine Willenskraft. Bis zum heutigen Tag hab' ich noch nicht einmal den Versuch gemacht, mir das Rauchen abzugewöhnen. Den Vorwurf, nicht mit Geld umgehen zu können, weise ich zurück. Man kann nicht mit etwas umgehen, das man nicht hat. Zu meiner unentwickelten Willenskraft gehört auch, daß ich mich durch fröhliche Bekannte jederzeit von der Arbeit abhalten lasse und mich selten aufraffen kann, unangenehme Briefe zu schreiben. Ich bin feige: u. a. habe ich eine panische Angst vor Sprengstoffen, Beamten mit Aktenmappen, die nur Uniformierten sind meistens weniger tückisch, wilden Pferden, Revolvern, auch ungeladenen, Spinnen, Nachtfaltern, Lokalpatrioten, Zimmervermieterinnen, Fanatikern mit und ohne

Weltanschauung. Ganz große Angst hab' ich vor Krieg und Atombomben. Ich unterhalte mich furchtbar gern mit Leuten, die aus sicherster Quelle wissen, daß ein Krieg unter gar keinen Umständen kommen kann und Atombomben niemals fallen werden. Trotz der moralischen Verpflichtung, die der Frauen-überschuß einem jeden oder jeder von uns auferlegt, hab' ich, von wenigen Ausnahmen abgesehen, Männer lieber als Frauen. Meine Gründe dafür sind mannigfaltig. Ich selbst möchte kein Mann sein; der Gedanke, dann eine Frau heiraten zu müssen, schreckt mich. Manchmal versuch' ich mich zu ändern. Aber wenn ich dann merke, daß ich mich mit meinen Besserungsver-suchen zu sehr belästige und verstimme, geb' ich sie auf.

Karoline von Günderrode (1780–1806)

BRIEF AN GUNDA BRENTANO

Hanau, d. 11. August 1801

Wie sonderbar sind doch die ersten Tage des Aufenthaltes an einem fremden Orte, die Bande, die uns an den vorigen Aufenthalt knüpften, sind aufgelöst für die Gegenwart, sie treten gleichsam in den Hintergrund der Empfindung, und der Zustand, bis man sich wieder an seine neue Umgebung angeknüpft hat, ist durchaus unangenehm; er ist eine Leere, die man aus sich verdrängen möchte; so ist mir's wenigstens. Jedes interessante Wissen, wenn es der andere noch nicht mit mir teilt, Empfindung und Erfahrung ist mir ein Berg, der mich von dem, mit dem ich mich vereinigen möchte, trennt. Dir gegenüber war es mir oft so; aber ich wüsste nicht, ob ich den Berg zwischen uns wegzuschaffen versuchen sollte, denn ich dachte oft, es könnte nur gleichgültig sein, mich zu sehen, wie ich bin. Du weißt, wie schwer es der Eigenliebe wird, einem andern etwas Gemeines an sich selbst zu zeigen.

Ich war Dir schon mehrmals ein (ich schmeichle es mir) treuer Spiegel, in dem Du Dich beschauen konntest; ja ich warf Dir das empfangne Bild mit großer Aufrichtigkeit zurück; niemals aber habe ich mich noch in Dir beschaut, sage, wie kommt das? Ich zeige mich nicht immer gern (ich habe es schon vorhin gesagt), doch wenn ich mich gezeigt habe, so liebe ich es unmäßig, mich wieder in andern zu erblicken; denn ich hoffe, der andere wird mich ein schöneres Gemälde sehen lassen, als

ich selber erblicke. Oder vielmehr, ich habe zuweilen gar keine Meinung von mir, so schwankend sind meine Selbstbeobachtungen. Überhaupt ist mir's ganz unbegreiflich, dass wir kein anderes Bewusstsein haben als Wahrnehmung von Wirkungen, nirgends von Ursachen. Alles andere Wissen scheint mir (sobald ich dies bedenke) nicht wissenswürdig, solang ich des Wissens Ursache, mein Wissensvermögen, nicht kenne. Diese Unwissenheit ist mir der unerträglichste Mangel, der größte Widerspruch. Ich meine, wenn wir die Grenze eines zweiten Lebens wirklich betreten, so müsste es eine unsrer ersten innern Erscheinungen sein, dass sich unser Bewusstsein vergrößere und verdeutlichere; denn es wäre unerträglich, diese Schranke in ein zweites Leben zu schleppen.

Viele Fragen hätte ich wohl an Dich zu tun, z. B. ob Klemenz geschrieben? Wie Du lebst? Ob Klötchen wieder da sei? Nur die Vermutung, Du mögest Fragen für ein Erpressungsmittel Deiner Antworten halten, lässt mich sie nicht geradezu tun. Ich ergebe mich hierin auf Gnade und Ungnade Deiner Launen, denn ich weiß, dass sie schon dadurch, dass sie Dein sind, liebenswürdige Kinder mit schönen bunten Fittichen sind. Wahrscheinlich werde ich Dich viel länger, als ich dachte, nicht sehen; meine Schwester Lotte ist sehr übel, lange kann sie nicht mehr leben, und die wenigen Tage kann ich ihr noch durch

mein Hiersein Vergnügen machen. Nie habe ich jemand gesehen, der dem Tode so reif ist als sie; ihre Laufbahn ist auch ihren intellektuellen Kräften nach geendet; denn ihre Seele ist so geartet, dass sie sich nie nach außen glücklich entwickeln wird, nie wird man ihren Blick aus ihrem Inneren abziehen können, und dieses Innere hat geblüht und seine Früchte (nur in und für sich) getragen. Jetzt kann in ihr nichts mehr wachsen als der Tod und die Vernichtung; glücklich, dass der physische Tod ihr zu Hülfe kommt. –

Wie findest Du folgende Definition? »Der Zorn ist eine unduldsame Liebe, nicht zu dem Gegenstand, über den man zürnt, sondern zu dessen Gegensatz.«

Ich hätte Dir noch mancherlei zu sagen, aber ich kann nicht, ein andermal, wenn ich alsdenn noch daran denke oder es mir noch interessant dünkt.

Karoline

✳

*Wenn man mit Frauen Freundschaften
haben kann, welche Freude –
die Beziehung so geheim und vertraut,
verglichen mit der zu Männern.*

Virginia Woolf

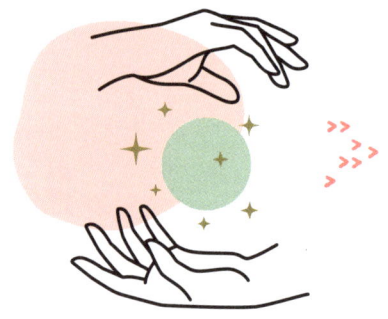

Ich mag Dich lieber als jedes andere Mädchen, das ich in England getroffen habe ... Wir stehen nun jede auf der Schwelle zum Herzen der anderen und kommen nicht weiter. Was ich mit »Herz« meine, ist Folgendes: Mein Herz ist ein Ort, zu dem alles, was ich liebe (ob in der Phantasie oder in Wirklichkeit), freien Zutritt hat. Dort bewahre ich meine Erinnerungen auf, all mein Glück und meine Sorgen, und dort gibt es eine große Abteilung, »Träume« genannt. Es gibt viele, viele Menschen, die ich sehr mag, aber die sehen in der Regel nur meine öffentlichen Räume und sie nennen mich falsch und verrückt und wetterwendisch. Ich würde denen um nichts in der Welt preisgeben, wie ich bin. Die würden mich für noch verrückter halten, vermute ich.

Ich wünschte, wir könnten uns kennen lernen, so dass ich imstande wäre zu sagen: »Sylvia ist eine meiner besten Freundinnen.«

Katherine Mansfield an ihre Schulfreundin und Cousine zweiten Grades Sylvia Payne, 23. Dezember 1903

Charlotte Brontë (1816—1855)

JANE EYRE

Eines Abends Anfang Juni war ich sehr lange mit Mary Ann im Wald geblieben; wie gewöhnlich hatten wir uns von den anderen getrennt und waren weit gewandert; so weit, dass wir den Weg verloren hatten und denselben in einer einsamen Hütte erfragen mussten. Als wir endlich zurückkamen, war der Mond schon aufgegangen; ein Pony, welches wir als dasjenige des Arztes erkannten, stand an der Gartenpforte. Mary Ann bemerkte, dass wahrscheinlich irgendjemand schwer erkrankt sein müsse, wenn Mr. Bates noch so spät am Abend geholt worden sei. Sie ging in das Haus; ich blieb zurück, um noch eine Handvoll Wurzeln, die ich im Wald ausgegraben hatte, in meinem Garten einzupflanzen.

Nachdem dies geschehen war, verweilte ich noch einige Minuten; die Blumen dufteten so süß, als der Tau fiel; es war ein so wunderschöner Abend, so rein, so ruhig, so warm; und der noch gerötete Westen versprach wiederum einen schönen Tag. Im dunklen Osten stieg majestätisch der Mond empor. Ich beobachtete dies alles und erfreute mich daran, wie ein Kind sich zu freuen vermag – da plötzlich kam mir der Gedanke, wie niemals zuvor: »Wie traurig ist es doch, jetzt auf dem Krankenbett liegen zu müssen und in Todesgefahr zu schweben! Diese Welt ist so schön – wie entsetzlich wäre es, abberufen zu werden und wer weiß wohin gehen zu müssen!« Und dann machte meine Seele die erste ernste Anstrengung, das zu begreifen, was

man in Bezug auf Himmel und Hölle in sie gelegt hatte; zum ersten Mal blickte ich um mich und sah vor mir, neben mir, hinter mir nichts als einen unermesslichen Abgrund; zum ersten Mal bebte meine Seele entsetzt zurück, sie empfand und fühlte nichts Sicheres mehr als den einen Punkt, auf dem sie stand – die Gegenwart, alles andere war eine formlose Wolke, eine unergründliche Tiefe. Während ich noch diesen neuen Gedanken nachhing, hörte ich, wie die große Haustür geöffnet wurde; Mr. Bates trat heraus, mit ihm eine Krankenwärterin. Nachdem sie gewartet hatte, bis er aufs Pferd gestiegen und fortgeritten war, wollte sie die Tür wieder schließen. Ich lief zu ihr.

»Wie geht es Helen Burns?«

»Sehr schlecht«, lautete die Antwort.

»War Mr. Bates ihretwegen gekommen?«

»Ja.«

»Und was sagt er?«

»Er sagt, dass sie nicht mehr lange bei uns verweilen wird.«

Hätte ich diese Aussage gestern gehört, so hätte sie nur den Glauben in mir wachgerufen, dass man sie nach Northumberland in ihre Heimat bringen wolle. Ich hätte nicht vermutet, dass es bedeute, sie liege im Sterben. Aber jetzt wurde mir augenblicklich klar, dass Helen Burns' Tage auf dieser Welt gezählt waren.

Im ersten Moment bemächtigte sich meiner ein namenloser Schrecken; dann empfand ich den heftigsten Schmerz, dann einen Wunsch – den Wunsch, sie zu sehen. Und ich fragte, in welchem Zimmer sie liegt.

»Sie ist in Miss Temples Zimmer«, sagte die Wärterin.

»Kann ich hinaufgehen und mit ihr sprechen?«

»Oh nein, Kind! Das geht nicht. Und nun ist es auch für Sie Zeit, hineinzugehen; Sie werden das Fieber bekommen, wenn Sie draußen sind, während der Tau fällt.«

Die Wärterin schloss die Haustür; ich ging durch den Seiteneingang, der zu dem Schulzimmer führte; ich kam noch zur rechten Zeit; es war neun Uhr, und Miss Miller rief gerade die Schülerinnen zum Schlafengehen. Es mochte vielleicht zwei Stunden später gewesen sein; es war mir nicht möglich gewesen, einzuschlafen, und aus der tiefen Ruhe, die im Schlafsaal herrschte, schloss ich, dass meine Gefährtinnen fest schliefen. Leise stand ich auf, zog mein Kleid über mein Nachtgewand und schlich mich barfuß aus dem Gemach, um Miss Temples Zimmer zu suchen. Es befand sich am entgegengesetzten Ende des Hauses; aber ich kannte den Weg, und die Strahlen des unbewölkten Sommermondes halfen mir, ihn zu finden. Ich nahm einen scharfen Geruch von Kampfer und gebranntem Essig wahr, als ich mich dem Zimmer der Fieberkranken näherte. Schnell eilte ich an der Tür vorüber, aus Furcht, dass die Krankenwärterin, die die ganze Nacht Wache halten

musste, mich hören könnte. Ich hatte Angst davor, entdeckt und zurückgeschickt zu werden, denn ich musste Helen sehen; ich musste sie umarmen, bevor sie starb; ich musste ihr einen letzten Kuss geben noch ein letztes Wort mit ihr sprechen.

Nachdem ich die Treppe hinuntergegangen war, einen Teil des Erdgeschosses durchschritten hatte und es mir gelungen war, geräuschlos zwei Türen zu öffnen, erreichte ich eine zweite Treppe; diese stieg ich wieder hinauf und befand mich gerade vor der Tür von Miss Temples Zimmer. Durch das Schlüsselloch und einen Spalt unterhalb der Tür fiel ein Lichtschein; überall herrschte tiefste Stille. Als ich näher kam, fand ich die Tür ein wenig geöffnet, wahrscheinlich um in das dumpfe Krankenge-mach etwas Luft dringen zu lassen. Nicht gewillt, zu zögern, von ungeduldigem Drang beseelt, Seele und alle Sinne in hefti-gem Schmerz erbebend, öffnete ich sie ganz und blickte hinein. Mein Auge suchte Helen und fürchtete, den Tod zu finden.

Dicht neben Miss Temples Bett und mit weißen Vorhängen halb verhängt, stand ein kleines Bettchen. Ich sah die Umrisse einer Gestalt unter der Bettdecke, doch das Gesicht war durch die Gardinen verdeckte. Die Wärterin, mit der ich im Garten ge-sprochen hatte, saß in einem Lehnstuhl und schlief; eine halb herabgebrannte Kerze, die auf dem Tisch stand, verbreitete ein trübes Licht. Miss Temple war nicht zu sehen. Ich wagte mich weiter ins Zimmer hinein; dann stand ich neben dem kleinen

Bett still; meine Hand fasste den Vorhang, doch hielt ich es für besser, zu sprechen, bevor ich ihn zur Seite zog. Ein Schauer erfasste mich bei dem Gedanken, dass ich vielleicht nur noch eine Leiche sehen würde.

»Helen«, flüsterte ich sanft, »bist du wach?«

Sie bewegte sich, schob den Vorhang zurück, und ich blickte in ihr bleiches, ausgezehrtes, aber ruhiges Gesicht. Sie schien so wenig verändert zu sein, dass meine Furcht augenblicklich schwand.

»Bist du's wirklich, Jane?«, fragte sie mit ihrer gewohnt sanften Stimme.

»Ah!«, dachte ich, »sie wird nicht sterben; sie irren sich alle; wäre es der Fall, so könnte sie nicht so ruhig, so friedlich aussehen; das wäre nicht möglich.«

Ich ging an ihr Bett und küsste sie; ihre Stirn war kalt und ihre Wange war kalt und abgezehrt, und ihre Hände und ihre Arme ebenfalls; aber ihr Lächeln war das alte geblieben.

»Weshalb kommst du hierher, Jane? Es ist schon nach elf Uhr; ich habe es vor einigen Minuten schlagen hören.«

»Ich kam, um dich zu sehen, Helen. Ich hörte, du seist sehr krank, und ich konnte nicht einschlafen, bevor ich nicht noch einmal mit dir gesprochen hatte.«

»Du bist also gekommen, um mir Lebewohl zu sagen: Wahrscheinlich bist du gerade noch zur rechten Zeit gekommen.«

»Ja, nach Hause – in meine letzte, meine ewige Heimat!«

»Nein, nein, Helen«, unterbrach ich sie jammernd. Während ich versuchte, meiner Tränen Herr zu werden, hatte Helen einen heftigen Hustenanfall; der die Krankenwärterin jedoch nicht weckte. Als er vorüber war, lag sie einige Minuten ganz erschöpft da; dann flüsterte sie: »Jane, deine kleinen Füße sind nackt; leg dich zu mir ins Bett und decke dich mit meiner Decke zu.«

Ich tat es; sie schlang ihren Arm um mich, und ich schmiegte mich dicht an sie. Nach langem Schweigen fuhr sie flüsternd fort: »Ich bin sehr glücklich, Jane; und wenn du hörst, dass ich gestorben bin, so musst du mir versprechen, nicht zu trauern; denn es ist nichts zu betrauern. Wir alle müssen ja eines Tages sterben, und die Krankheit, die mich fortrafft, ist nicht schmerzhaft; sie schreitet langsam und schmerzlos fort; mein Gemüt ist in Frieden. Ich hinterlasse niemanden, der mich betrauert. Ich habe nur einen Vater; er hat vor Kurzem wieder geheiratet und wird mich nicht vermissen. Ich sterbe jung – aber ich werde auch vielen Leiden entgehen. Ich hatte keine Eigenschaften, keine Talente, die mir geholfen hätten, einen guten Weg durch die Welt zu gehen. Fortwährend hätte ich das Verkehrte getan.«

»Aber wohin gehst du denn, Helen? Kannst du es sehen? Kannst du glauben?«
»Ich glaube; ich habe die feste Zuversicht: Ich gehe zu Gott.«

»Wo ist Gott? Was ist Gott?«

»Mein Schöpfer und der deine, der niemals zerstören kann, was er geschaffen hat. Ich glaube fest an seine Macht und vertraue seiner Güte. Ich zähle die Stunden bis zu jener großen, bedeutungsvollen, die mich ihm zurückgeben soll, ihn mir von Angesicht zu Angesicht zeigen wird.«

»Du bist also sicher, Helen, dass es ein Etwas gibt, das sich Himmel nennt; und dass unsere Seelen dorthin gehen werden, wenn wir sterben?«

»Ich bin sicher, dass es ein künftiges Leben gibt; ich glaube, dass Gott gut ist; ich gebe ihm meinen unsterblichen Teil vertrauensvoll hin, Gott ist mein Vater; Gott ist mein Freund, ich liebe ihn; ich glaube, dass er mich liebt.«

»Und werde ich dich wiedersehen, Helen, wenn ich sterbe?«

»Du wirst in dieselben Regionen der Glückseligkeit kommen wie ich; derselbe mächtige Allvater wird auch dich an sein Herz nehmen, Jane, zweifle nicht daran.«

Wiederum fragte ich mich, doch dieses Mal nur in Gedanken: »Wo sind jene Regionen? Sind sie wirklich?« Und fester schlang ich meine Arme um Helen; sie war mir in diesem Augenblick teurer denn je; mir war, als könne ich sie nicht fortgehen lassen; ich verbarg mein Gesicht an ihrer Brust, gleich darauf sagte sie in ihrer süßesten Weise: »Wie wohl ich mich fühle! Jener letzte Hustenanfall hat mich ein wenig ermüdet; mir ist, als könnte ich jetzt schlafen; aber verlass mich nicht, Jane; es ist so schön, dich so nah zu wissen.«

»Ich bleibe bei dir, süße Helen; niemand soll mich von hier fortnehmen.«

»Ist dir warm, mein Liebling?«

»Ja.«

»Gute Nacht, Jane.«

»Gute Nacht, Helen.«

Sie küsste mich und ich küsste sie: Bald schliefen wir beide.

Als ich erwachte, war es Tag. Eine ungewöhnliche Bewegung weckte mich; ich öffnete die Augen; jemand hielt mich in den Armen; es war die Krankenwärterin.

Sie trug mich durch die Korridore in den Schlafsaal zurück. Man erteilte mir keinen Verweis dafür, dass ich mein Bett verlassen hatte; die Leute hatten an andere Dinge zu denken. Auf meine vielen Fragen gab man mir damals keine Erklärungen; aber einige Tage später erfuhr ich, dass Miss Temple, als sie in ihr Zimmer zurückgekehrt war, mich in dem kleinen Bett gefunden hatte; mein Gesicht ruhte auf Helen Burns' Schulter, meine Arme umschlangen ihren Hals.

Ich schlief, und Helen war – tot.

Ihr Grab befindet sich auf dem Friedhof von Brocklebridge; noch fünfzehn Jahre nach ihrem Tod deckte es nur ein einfacher Grashügel. Inzwischen kennzeichnet eine graue Marmortafel die Stelle; darauf steht ihr Name und das Wort: »Resurgam.«*

*»Ich werde auferstehen.«

Julia Holbe (*1969)

UNSERE GLÜCKLICHEN TAGE

Mit Lenica war es komisch gewesen. Sie lebte in dem kleinen Ort, wo wir immer die Ferien verbrachten. Ich kannte sie vom Sehen. Sie war schon immer da gewesen. Aber bisher hatten wir nie geredet.

An einem Sommertag jedoch, es war heiß damals und das Meer erreichte Anfang Juli langsam die perfekte Schwimmtemperatur, sprach sie mich ganz unvermutet an. Sie begann eine Unterhaltung über irgendeine Belanglosigkeit, an die ich mich nicht mehr erinnere, und sofort hatte sie uns. Hatte sie mich. So stieß sie zu uns, so abrupt und dennoch zartfühlend, und wir adoptierten sie wie einen herrenlosen Welpen. Obwohl dieses Welpenhafte nur ein kleiner Teil von ihr war.

Sie war groß und sehr dünn. So dünn, dass die Hüftknochen hervorstanden, und sie hatte dunkle lange Haare, ein Dunkel in vielen Schattierungen. Sie trug Ringe an all ihren Fingern in sämtlichen Größen und Farben und klackernde Armbänder – eins aus blauen Glasperlen fiel mir besonders auf. Sie hatte immer sehr kurze Röcke und Leinenturnschuhe oder hochhackige Sandalen mit Söckchen an, irgendwelche verblichenen, entweder sehr weiten oder zu engen T-Shirts. Wenn sie Strumpfhosen trug, und das tat sie an kühleren Tagen manchmal sogar im Sommer, dann mit Laufmaschen. Eine kalkulierte Nachlässigkeit lag in ihrem Wesen, sie war sich ihrer Wirkung sicher. Sie

hatte einen gewissen, sehr reizvollen Silberblick, der sie manchmal ein bisschen irre aussehen ließ. Wenn sie lachte, wurde ihr Gesicht auf einmal mädchenhaft, fast kindlich. Man konnte nie wissen, was sie als Nächstes machte – oder was sie dachte. Eine Zeitlang trug sie ihre Haare blau. Und manchmal eine blonde Perücke. Sie konnte ganz vernünftig wirken und es kam sogar vor, dass sie es war, zumindest tat sie manchmal so. Sie war wild und ungezähmt, doch in ihren Augen, die wie Opale glänzten, lag große Sanftheit und Verletzlichkeit. Das fiel mir auf. Und ging mir nah.

Lenica lag immer auf unserem Felsen, den wir dem Strand vorzogen, weil er etwas abgeschieden war und man nicht vom Sand paniert wurde. Sie und ihre Schwester sonnten sich dort und schwammen. Wenn sie in der Sonne lagen, waren sie mit ihren Kopfhörern an einen Walkman angeschlossen.

Lens Schwester Héloïse war das komplette Gegenteil, viel weicher als Len, nicht nur ihr Äußeres, blond und süß, sondern auch ihre Art. Sie war lieb und freundlich und zugewandt, hatte hohe Wangenknochen und weit auseinanderstehende blaugraue Augen, sie war runder, und doch hatte sie eine ganz schmale Taille, eine breitere Hüfte. Sie war ein anderer Typ als Len, aber nicht weniger anziehend.

Wir hatten nur Kontakt, wenn wir die zwei Monate Sommerferien am Atlantik verbrachten. Die restliche Zeit des Jahres hörte ich nie etwas von Len. Wir alle nicht. Aber unser Leben in dieser Zeit, so gleichermaßen aufregend wie unbedeutend es war, ließ sich schnell aufholen. Sobald wir uns auf dem Felsen wiedertrafen, war alles wie immer. Ich weiß nicht mehr, wann mir auffiel, wie sehr ich sie in der Zwischenzeit vermisste. Manchmal schrieb ich ihr Briefe, die ich aber nicht abschickte. Auch viel später noch schrieb ich diese Briefe. Ich legte sie in meine Schreibtischschublade, und mit den Jahren bildete sich ein Stapel, den ich verschnürte und der noch immer in meiner Schreibtischschublade lag.

Lenica schrieb fast nie, und wenn, dann nur mal eine Postkarte, auf der Sätze standen wie: »Hier regnet es und das Leben ist einfach, wie es ist.« Ich hängte mir ihre Karten an die Wand, als seien sie seltene Zeugnisse von exotischen Orten. Len war jemand, der immer bei einem war, selbst wenn sie nicht körperlich anwesend war. Sie war auf geheimnisvolle Weise mit mir verbunden, auch wenn tausend Kilometer zwischen uns lagen, und sie schien diese Entfernung mit stoischer Gelassenheit oder in stoischem Leiden hinzunehmen.

Wenn wir uns wiedersahen, schien es die Zeit dazwischen nicht gegeben zu haben.
Es war keine Seelenverwandtschaft.
Es war viel mehr.

Wenn endlich die Sommerferien anbrachen und wir losfuhren, waren wir immer in Hektik, immer in heller Aufregung, bis wir alles gepackt und wir alle aufgesammelt hatten. Nie hatte jede von uns nur eine Tasche, wie wir es eigentlich abgemacht hatten, meistens flogen noch einzelne Schuhe und Plastiktüten im Kofferraum herum. Zuerst hatten wir uns abwechselnd um den Proviant gekümmert, bis Marie ihn einmal vergaß und nur zwei Tüten Chips dabeihatte. Danach war Fanny zuständig, sie war die zuverlässigste. Und sie machte sowieso die besten Sandwiches, mit kaltem Hähnchen und Salat und Mayonnaise oder Thunfischcreme mit Selleriestückchen. Sie packte geschälte Mohrrüben und in Streifen geschnittene rote Paprika ein, Orangina und Thermoskannen mit Kaffee. Beim ersten Mal lachten wir sie aus und fanden sie zu perfekt und spießig, aber dann beschlossen wir, dass sie niemals zu perfekt sein könnte. Wir beschlossen, dass sie eine berühmte Köchin werden und ein Restaurant in einer schicken Stadt eröffnen würde, in dem wir jederzeit umsonst essen konnten und so viel wir wollten. »Jetzt übertreibt ihr aber«, sagte Fanny dann. »Nur weil ich hier die Einzige bin, die euch nicht verhungern lässt.«

Dann spielte es sich immer gleich ab. Wir kamen in der Nacht an, mit einem voll beladenen Auto, und waren über Stunden unterwegs gewesen. Die letzten Kilometer zogen sich, und wir waren so kaputt und erledigt und jammerten, und schworen, sofort und auf der Stelle ins Bett zu gehen. Aber sobald das Auto knirschend über den Kies der Einfahrt fuhr, war unsere Erschöpfung wie weggeblasen. Sobald wir die Meeresluft atmeten, war keine Müdigkeit mehr zu spüren. Wir rissen uns die Schuhe von den Füßen und spürten das feuchte Gras, und das feine Salz in der Luft legte sich auf uns wie eine zweite Haut. Und wenn wir Lenica in die Arme fielen, begann der Sommer.

Liebe – dies seltsame Wort,
das dem einen dies, dem anderen
das bedeutet, ich möchte es nicht
immer so streng unterschieden von
Freundschaft haben, mir scheint,
eine große Freundschaft
zwischen zwei Frauen ist Liebe,
viel häufiger, als das Gefühl
zwischen Mann und Frau es ist.

Meta von Salis

❋

Elizabeth von Arnim (1866–1941)

ELIZABETH UND IHR GARTEN

Ich wusste im letzten Jahr rein gar nichts über Gartenarbeit, und dieses Jahr weiß ich nur wenig mehr, doch habe ich eine leise Ahnung, was getan werden könnte, habe zumindest einen bedeutenden Schritt nach vorn getan: von Prunkwinden zu Teerosen.

Der Garten war die reinste Wildnis. Sie erstreckt sich rund ums Haus, hauptsächlich aber auf der Südseite, und dies offensichtlich schon seit Ewigkeiten. Die Südfront ist einstöckig, eine Flucht von Zimmern, die ineinander übergehen, die Wände sind von wildem Wein bewachsen. In der Mitte gibt es eine kleine Veranda, von der einige hinfällige Holzstufen hinabführen zu der einzigen Stelle auf dem ganzen Gut, aus der man sich je etwas gemacht zu haben scheint. Es ist ein in den Rasen eingeschnittener Halbkreis, umgeben von Liguster, und in diesem Halbkreis sind elf Beete unterschiedlicher Größe, die wiederum von Buchs eingerahmt und um eine Sonnenuhr angeordnet sind, und die Sonnenuhr ist altehrwürdig und moosbewachsen und meine innige Liebe. Diese Beete waren das einzig sichtbare Zeichen eines Versuchs, den Garten zu kultivieren (außer einem einsamen Krokus, der aus eigenem Antrieb jedes Frühjahr spross, nicht weil er es wollte, sondern weil er nicht anders konnte), und in all diese elf Beete hatte ich Prunkwinden gesät, nachdem ich einen deutschen Gartenratgeber gefunden hatte, demzufolge Prunkwinden in Riesenmengen das einzig

Brauchbare seien, um die abscheulichste Einöde in ein Paradies zu verwandeln. Nichts anderes wurde in diesem Buch mit derselben Wärme empfohlen, und da ich nicht den geringsten Schimmer hatte, wie viel Samen notwendig waren, kaufte ich zehn Pfund und ließ sie nicht nur in den elf Beeten aussäen, sondern um fast jeden Baum herum und wartete dann in großer Erregung auf das versprochene Paradies. Nichts geschah, und ich erhielt meine erste Lektion.

Glücklicherweise hatte ich auf zwei großen Flecken Land Gartenwicken gesät, die mich den ganzen Sommer über glücklich machten, ferner wuchsen unter den Südfenstern ein paar Sonnenblumen und einige Stockrosen, dazwischen Madonnenlilien. Aber nachdem ich die Lilien umgepflanzt hatte, verschwanden sie zu meiner großen Bestürzung; wie sollte ich mich auch in den Eigenheiten der Lilien auskennen? Und die Stockrosen entpuppten sich als ziemlich hässlich in der Farbe, sodass einzig und allein die Gartenwicken meinen ersten Sommer zierten und verschönten.

Gerade können wir wieder nach all der hektischen Geschäftigkeit, rechtzeitig für den Sommer die neuen Beete, Rabatte und Wege anzulegen, etwas aufatmen. Die elf Beete rings um die Sonnenuhr sind voller Rosen, aber ich sehe schon, dass ich bei einigen Fehler gemacht habe. Da ich keine Menschen-

seele habe, mit der ich darüber (oder über sonst etwas) Erfahrungen austauschen könnte, ist Fehlermachen hier meine einzige Art zu lernen. Alle elf Beete sollten einen Teppich von purpurfarbenen Stiefmütterchen bekommen, aber als ich entdeckte, dass nicht genügend vorhanden waren und niemand mir welche zu verkaufen hatte, haben nur sechs ihre Stiefmütterchen bekommen, in den übrigen ist Zwergreseda gesät. Zwei von den elf Beeten haben Marie-van-Houtte-Rosen, zwei Vicomtesse Folkestone, zwei Laurette Messimy, eines hat Souvenir de la Malmaison, eines Adam und Devoniensies, zwei haben Persisch-Gelb und Bicolor, und ein großes Beet hinter der Sonnenuhr hat drei Sorten roter Rosen (zweiundsiebzig in allem): Herzog von Teck, Cheshunt Scharlach und Prefet de Limburg. Dieses Beet ist bestimmt ein Fehler, einige andere vermutlich ebenfalls, aber ich muss natürlich abwarten, da ich nun mal so wenig Bescheid weiß. Außerdem habe ich auf jeder Seite des Halbkreises zwei längliche Beete ausheben lassen und Gartenreseda gesät; in eines habe ich Marie-van-Houtte gesetzt, ins andere Jules Finger-und-die-Braut; und in einem warmen Winkel unter den Salonfenstern befindet sich ein Beet mit Madame Lambard, Madame de Watteville und Comtesse Riza du Parc; weiter hinten im Garten ist, geschützt von einer Gruppe Buchen und Fliedersträucher im Norden und Westen, noch ein großes Beet mit Rubens, Madame Joseph Schwartz und die Ehrenwerte Edith Gifford.

Das sind Zwergrosen; ich habe nur zwei Rosenbäumchen im ganzen Garten, zwei Madame George Bruants, und sie ähneln Besenstielen. Wie ich mich nach dem Tag sehne, an dem die Teerosen erblühen! Noch nie habe ich mich so unmäßig auf etwas gefreut; und jeden Tag mache ich die Runde und bewundere, was die lieben Kleinen in den vierundzwanzig Stunden an neuen Blättern oder lieblich roten Sprossen hervorgebracht haben.

Die Stockrosen und Lilien (die jetzt blühen) sind noch unter den Südfenstern in einer schmalen Rabatte auf einem Grashügel, an dessen Fuß ich zwei lange Rabatten Gartenwicken gesät habe, den Rosenbeeten gegenüber, damit meine Rosen bis in den Herbst hinein etwas anzuschauen haben, das beinah so liebreizend ist wie sie selbst, wonach dann alles Platz machen muss für weitere Teerosen. Der Weg, der von diesem Halbkreis weiter in den Garten führt, ist gesäumt von Chinesischen Rosen, weißen und rosafarbenen, hier und da von einem Persisch-Gelb. Ich wünschte mir, ich hätte Teerosen dort gepflanzt, und mir schwant Schlimmes bei der Wirkung des Persisch-Gelbs zwischen den Chinesischen Rosen, denn Letztere sind Winzlinge, und das Persisch-Gelb sieht so aus, als wolle es zu mächtigen Büschen werden.

Kein Geschöpf in dieser ganzen Gegend hier kann auch nur annähernd verstehen, mit welchem Herzklopfen ich mich auf das Aufblühen dieser Rosen freue! Gibt es doch nicht ein deutsches Gartenbuch, das nicht alle Teerosen ins Treibhaus verbannt, sie lebenslang einsperrt und so für alle Zeit dem Odem Gottes entzieht. Zweifellos war es reine Unwissenheit, dass ich dort, wo teutonische Engel keinen Fuß aufzusetzen wagen, fröhlich hineingestürzt bin und meine Teerosen dem nördlichen Winter ausgesetzt habe; doch sie haben ihm unter Kiefernzweigen und Laub ins Gesicht geblickt, und nicht eine hat darunter gelitten – und heute sehen sie so glücklich aus und dazu entschlossen, sich des Lebens zu erfreuen, wie, dessen bin ich mir sicher, jede andere europäische Rose.

Astrid Lindgren (1907–2002)

ES BEGANN IN KRISTINS KÜCHE

Es begann in Kristins Küche, als ich ungefähr fünf Jahre alt war. Bis dahin war ich ein kleines Tier gewesen, das mit Augen, Ohren und allen Sinnen nur das in sich eingesogen hatte, was Natur war. Dass es auch Kultur gab, erfuhr ich erst, als ich auf Kinderbeinen in Kristins Küche stiefelte, wo mich überraschend ein Hauch davon streifte.

Kristin war mit unserem Kuhknecht verheiratet, und was wichtiger war, sie war Edits Mama. Diese Edit – gesegnet sei sie jetzt und allezeit – las mir das Märchen vom Riesen Bam-Bam und der Fee Viribunda vor und versetzte meine Kinderseele dadurch in Schwingungen, die bis heute noch nicht ganz abgeklungen sind. In einer seit Langem verschwundenen, armseligen kleinen Häuslerküche geschah dieses Wunder und seit jenem Tage gibt es für mich in der Welt keine andere Küche. Lese ich von einer Küche, oder schreibe ich selber etwas, das sich in einer Küche ereignet, so spielt sich dies ewig und unveränderlich bei Kristin ab ... dort steht die Küchenbank, dort der Tisch, dort der eiserne Herd und dort ist die Tür zur Stube.

Ja, gesegnet sei Kristins Küche und gesegnet sei Edit! Sie las mir auch weiterhin ab und zu etwas vor. Die Bücher kann sie sich nur in der Schule geliehen haben, denn zu damaliger Zeit hatten Häuslerkinder keine Bücher. Auch Bauernkinder nicht,

zumindest ich nicht. Allmählich lernte ich selber lesen und ging auf die Jagd, um meinen wilden Lesehunger zu stillen. Anfangs war die Ausbeute nur mager. Aber die Lehrerin in der Vorschule hatte immerhin einen glänzenden Einfall – alljährlich brachte sie uns vor Weihnachten wunderbar bunte Prospekte über Weihnachtszeitungen und Märchenbücher mit, sodass man sich ein Buch als Weihnachtsgeschenk bestellen konnte. Schneewittchen mit einer von Jenny Nyström gezeichneten drallen, schwarzlockigen Prinzessin auf dem Umschlag war mein erstes eigenes Buch, danach kaufte ich mir auch Unter Wichteln und Trollen mit John Bauers unvergesslichen Illustrationen. Ein Buch ganz für sich allein zu besitzen – dass man vor Glück nicht ohnmächtig wurde! Noch heute weiß ich, wie diese Bücher rochen, wenn sie funkelnagelneu und frisch gedruckt ankamen, ja, denn zunächst einmal schnupperte man daran und von allen Düften dieser Welt gab es keinen lieblicheren. Er war voller Vorgeschmack und Erwartungen.

Dann war man plötzlich zehn Jahre alt und ging in die Oberschule. Im Lehrerzimmer gab es eine Schulbibliothek, und darauf stürzte ich mich wie eine Besessene und verschlang alles, was es dort gab. In diesen Jahren zwischen zehn und dreizehn verschlingt man ja Bücher, und auch ich futterte alles Erreichbare, gleichgültig, ob ich es mir aus der Schulbibliothek holte oder von Mitschülern lieh, die mit Büchern besser ausgestattet

waren als ich. Ich las die ganze lange Reihe von Sagen und Geschichten, vom Trojanischen Krieg bis zu Robinson Crusoe und Onkel Toms Hütte, dazu alles, was ich von Jules Verne ergattern konnte, ferner Die Erzählungen des Feldschers und Ingemanns historische Romane, Der Graf von Monte Christo und Die drei Musketiere, Der letzte Mohikaner, Das Dschungelbuch, Die Schweden und ihre Häuptlinge, Die Schatzinsel, Tom Sawyer und Huckleberry Finn – schau an, welche stattliche Liste alter Klassiker! Und dann all die wunderbaren Mädchenbücher. Dass es überhaupt so viele nette und lustige Mädchen in der Welt gab, die einem plötzlich ebenso nahestanden wie Geschöpfe aus Fleisch und Blut! Da war Hetty, der irische Wildfang, und Polly, die Krone aller Mädchen aus New England, ferner Pollyanna und Katy, ganz zu schweigen von Sarah, dem Mädchen mit den Diamantengruben, die so unsäglich arm wurde und frierend in ihrer Bodenkammer hockte, bis Ram Dass mit Suppe und warmen Decken zu ihr über das Dach geklettert kam. Und dann natürlich Anne auf Avonlea, o du Unvergessliche, auf ewig fährst du im Einspänner neben Matthew Cuthbert unter Avonleas blühenden Apfelbäumen! Wie ich mit diesem Mädchen gelebt habe! Einen ganzen Sommer lang spielte ich mit meiner Schwester in dem großen Sägemehlhaufen oben bei der Sägemühle Anne auf Avonlea: Ich war Diana Barry und die Dunggrube hinter dem Kuhlstall war die dunkel spiegelnde Woge.

Dass es eine Zeit im Leben des Menschen gibt, wo man mit solcher Inbrunst und Hingabe liest! Der Schnee, der in der Steinzeitnacht unablässig auf Ura Kaipa niederrieselte, ich spürte ihn auf der eigenen Haut. Und an diesen Schnee werde ich mich noch erinnern, wenn ich schon jeden anderen Schnee vergessen habe. Da ist noch mehr, woran ich mich dann noch erinnern werde. An Avonleas Apfelblüte und an einen bestimmten Baum in Australien, der umstürzte und ein junges Mädchen erschlug, worüber ich sehr weinte; an eine Ziege, die im Schweden der Notzeit im Winterschnee umherirrte; an eine Wölfin in Indien und an einen Fuchs, der Wildgänse jagte – sie alle haben sich auf ewig in meinem Gedächtnis eingeprägt. Und mehr noch gibt es, das ich nie vergessen werde. Den Schoner namens Hispaniola und wie sehr ich um den kleinen Jim Hawkins bangte, als der Schiffskoch mit seinem Holzbein angepoltert kam; ich werde noch immer wissen, wie ich mit Tom Sawyer und Becky Thatcher in der unterirdischen Höhle zitterte, wie ich über Onkel Tom weinte und wie ich lachte, als Huck Finns Vater, blau wie eine Strandhaubitze, mit dem großen Zeh in der Pökelfleischtonne landete. Huck Finn, ja! Vielleicht bleibt mir am längsten und eindringlichsten die Erinnerung an meine langsame Fahrt den Mississippi hinunter auf dem Floß, das Huckleberry Finn gehörte.

Nun glaube man ja nicht, dass ich nur Klassiker gelesen habe! Tatsache ist immerhin, dass die Bücher, die mich damals vor

langer Zeit am stärksten ergriffen haben und meine ständigen Begleiter geworden sind, gerade die sind, die auch heute noch in den Bibliothekskatalogen zu finden sind. Sollte das womöglich daran liegen, dass es zufälligerweise so gute Bücher waren?

Aber weiß Gott, nicht nur Klassiker! Mein Lesestoff war breit gefächert, so könnte ich behaupten. Der Mann mit den eisernen Fäusten oder Der König der Haudegen hieß ein wahres Kleinod, das in der Schulbibliothek unbegreiflicherweise nicht vorhanden war. Mein Bruder bestellte es auf eine Anzeige hin, unter großen finanziellen Opfern erwarb er sechs rosa Bände, triefend von Blut, Verbrechen und teuflischer Bosheit. Oh, wie hasste ich diese wunderschöne Alli Jerrold, die die ganzen sechs Bände hindurch dem König der Haudegen, Jack Barr, nichts als Elend und Ungemach bereitete. Ich fand es ganz in Ordnung, dass ihr in einer dunklen Nacht das schöne Gesicht mit einem Rasiermesser zerschnitten wurde – ritsch, ratsch! –, nach diesem Denkzettel war sie nicht mehr ganz so schön! So »gerecht« und erbarmungslos ist man gewesen, wenn man in den auf Buchseiten ausgetragenen Kämpfen richtete, und dennoch glaube ich nicht, dass man als Kind besonders gefühllos war. Aber mit Alli Jerrold hatte ich kein Mitleid, im Übrigen besorgte sie sich, durchtrieben wie sie war, einen schwarzen Schleier, den sie vor dem Gesicht trug, sodass nur noch ihre schönen Augen

zu sehen waren, und damit verhexte sie auch weiterhin den armen Jack Barr.

Die wunderbaren Schilderungen der Schurken in Der Mann mit den eisernen Fäusten verschlang ich gleichzeitig mit Katy in der Schule, ferner Sieben kleine Heimatlose und Eine kleine Prinzessin, dazu unzählige billige Indianerhefte, Hedwig Courths-Mahlers tränentriefende Liebesromane und die frommen Geschichten von Runa und Betty, die meine Eltern alljährlich zu Weihnachten vom Pfarrer geschenkt bekamen. Alle diese Bücher waren für mich gute Bücher, ich bitte dies zu beachten! Aber ich halte ja auch nichts davon, Kinder zu Buchkritikern zu ernennen.

Die Zeit für unbegrenztes Lesen zu finden, war freilich schwierig. Selbstverständliches Gebot war, dass man zu Hause half. Oft setzte ich mich an die Wiege, wo ich meiner jüngsten Schwester etwas vorsingen musste, weil sie sonst nicht einschlafen wollte, und hatte ich gerade ein spannendes Buch erwischt, war das eine harte Prüfung. Aber ich wusste mir zu helfen. Ich sang ihr aus dem Buch vor, Seite auf und Seite ab.

Natürlich dauerte es länger als sonst, aber es ging. »Es saß ein einsam Mütterlein im Walde und weinte sehr, tralalalala« – dieses »Lied« zitieren meine Geschwister noch heute als Beispiel für meine Gesangsleseübungen.

Dass ich selbst mit der Zeit Kinderbuchautorin geworden bin, liegt einzig und allein am Wetter. Hätte es an einem bestimmten Märztag 1944 in Stockholm nicht geschneit, wäre ich nie dazu gekommen.

Schon in meiner Schulzeit erhoben sich warnende Stimmen: »Du wirst mal Schriftstellerin, wenn du groß bist.« Und – spöttischer – »Du wirst mal Vimmerbys Selma Lagerlöf«. Das entsetzte mich derart, dass ich einen förmlichen Beschluss fasste: Niemals würde ich ein Buch schreiben! Bereits der Prediger Salomo klagte ja: »Denn viel Büchermachens ist kein Ende«, und ich hielt mich nicht für berufen, den Bücherstapel noch höher anwachsen zu lassen. Diesem meinem Vorsatz bin ich bis zum März 1944 auch treu geblieben. Doch dann kam dieser Schnee, der die Straßen glitschig wie Schmierseife machte. Ich fiel hin, verstauchte mir den Fuß, musste liegen und hatte nichts zu tun. Was tut man da? Schreibt vielleicht ein Buch? Ich schrieb Pippi Langstrumpf. Wie die Pippifigur ursprünglich entstanden ist, habe ich so oft erzählt, weil ich so oft danach gefragt worden bin. Es hier noch einmal zu tun, kommt mir zwar dumm vor, aber trotzdem. 1941 lag meine Tochter Karin krank im Bett, und eines Abends sagte sie: »Erzähl mir was von Pippi Langstrumpf.« Es war ein Name, der ihr gerade in diesem Augenblick durch ihren fieberheißen Kopf geschossen war. Ich tat ihr den Gefallen und dachte mir eine närrische Range aus,

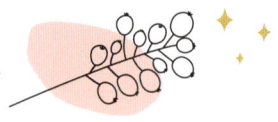

die zu dem Namen passen konnte, und musste bald entdecken, dass uns eine Pippi ins Haus geschneit war, die wir nicht wieder loswerden konnten.

1944 wurde sie gedruckt, einerseits abgelehnt, andererseits preisgekrönt, jedenfalls lag sie plötzlich in den Buchhandlungen. Manche hielten sie für »etwas Unbehagliches, das an der Seele kratzt«, andere schlossen sie seltsamerweise ins Herz. Die Kinder taten es und für sie hatte ich ja geschrieben. Oder, richtiger gesagt, für das Kind in mir, das noch immer nach Büchern hungert. Dieses Kind entdeckte mit Jubel – ja, du liebe Zeit! –, Bücherschreiben macht ja genauso viel Spaß, wie sie lesen!

Und deshalb schreibe ich Kinderbücher. Alles ist nur eine Fortsetzung dessen, was einst in Kristins Küche begann.

© 2021 arsEdition GmbH, Friedrichstr. 9, D-80801 München
Alle Rechte vorbehalten

Textnachweis:

S. 13: Katherine Mansfield: Fliegen, tanzen, wirbeln, beben. Vignetten eines Frauenlebens.
Die Rechte an der deutschen Übersetzung von Irma Wehrli liegen beim Manesse Verlag, Zürich,
in der Penguin Random House Verlagsgruppe GmbH, München

S. 15–18: Textauszug aus: Elena Ferrante, Meine geniale Freundin. Band 1 der Neapolitanischen
Saga. Kindheit und frühe Jugend. Aus dem Italienischen von Karin Krieger. S. 97–100.
© 2011 by Edizioni e/o. © Suhrkamp Verlag Berlin 2016.

S. 24/25: Beate Teresa Hanika, Das Marillenmädchen
© 2016 btb Verlag, München, in der Penguin Random House Verlagsgruppe GmbH

S. 27: Julia Engelmann, Eines Tages, Baby
© 2014 Wilhelm Goldmann Verlag, München, in der Penguin Random House Verlagsgruppe GmbH

S. 28–32: Louise Hartung/Astrid Lindgren: Ich habe auch gelebt!
© 2016 Ullstein Buchverlage GmbH, Berlin.

S. 42–51: Aus: Simone Lappert: Wurfschatten
Copyright © 2020 Diogenes Verlag AG Zürich

S. 56/57: Irmgard Keun, Porträt einer Frau mit schlechten Eigenschaften © Martina Keun-Geburtig

S. 74–78: Julia Holbe, Unsere glücklichen Tage
© 2020 Penguin Verlag, München, in der Penguin Random House Verlagsgruppe GmbH

S. 87–94: Astrid Lindgren, »Es begann in Kristins Küche«, aus: Dies.: Das entschwundene Land,
© Verlag Friedrich Oetinger, Hamburg 2007

Covermotiv: kiyanochka1 / Shutterstock.com

Illustrationen Innenteil: www.shutterstock.com: anna42f, Bibadash, Daryna Kurinna, DODOMO,
Falguni Mazumder, kiyanochka1, LineHome, LivDeco, LizavetaS, Madiwaso, Nataletado,
OneLineStock.com, Simple Line, Singleline, sini4ka, Tatjana Shehonina, tutsi

Covergestaltung: Marielle Enders, www.itsme-design.de,
    Grafisches Atelier, arsEdition GmbH
Innengestaltung: Marielle Enders, www.itsme-design.de

ISBN 978-3-8458-4334-6

1. Auflage
www.arsedition.de